1.00 52

LES PIERRES QUI PARLENT

DEUX CENTS ANS D'ENRACINEMENT
DE LA COMMUNAUTÉ JUIVE AU QUÉBEC

STONES THAT SPEAK

TWO CENTURIES OF JEWISH LIFE IN QUEBEC

David Rome ∽ Jacques Langlais

Photographies ∽ Edward Hillel ∽ Camera Work

LES PIERRES QUI PARLENT

DEUX CENTS ANS D'ENRACINEMENT DE LA COMMUNAUTÉ JUIVE AU QUÉBEC

STONES THAT SPEAK

TWO CENTURIES OF JEWISH LIFE IN QUEBEC

septentrion

Cet ouvrage a été publié avec l'appui du Programme de subvention globale du Conseil des Arts du Canada.

Maquette de la couverture: Josée Lalancette, d'après une idée de Evelyn Butt

Collaboration à la maquette de mise en pages: Claude Bouchard

Révision du texte anglais: Käthe Roth

Éditrice déléguée: Andrée Laprise

Diffusion Prologue

Dépôt légal – 4ᵉ trimestre 1992
Bibliothèque nationale du Québec

ISBN 2-921114-83-6

Si vous désirez être tenu au courant des publications
des ÉDITIONS DU SEPTENTRION,
vous pouvez nous écrire au
1300 av. Maguire, Sillery (Québec) G1T 1Z3
ou par télécopieur (418) 527-4978.

* La reproduction du poème de Abraham M. Klein, *The Mountain*, a été rendue possible grâce à l'aimable autorisation des Presses de l'Université de Toronto.

Remerciements

Les auteurs tiennent à remercier pour leur contribution morale et financière, lors de l'élaboration de ce document, les organismes suivants:

le ministère du Multiculturalisme;
la Corporation Première, Québec;
la Fondation communautaire juive du Grand Montréal;
Maxwell Cummings Family Foundation;
Herschel Segal Family Foundation;
le ministère des Affaires culturelles du Québec;
Marcel-Adams Immeubles;
et l'Institut québécois d'Études sur la culture juive.

De plus, d'autres personnes ont contribué activement, soit à la préparation des textes ou des photos, soit à la relecture du manuscrit. Il s'agit de: Pierre Anctil, Jasenka Moskun et Evelyn Butt.

Acknowledgments

The authors would like to thank the following organizations for their moral and financial contribution in the making of this book:

Multiculturalism Canada;
First Quebec Corporation;
Jewish Community Foundation of Greater Montreal;
Maxwell Cummings Family Foundation;
Herschel Segal Family Foundation;
le ministère des Affaires culturelles du Québec;
Marcel-Adams Immeubles;
and l'Institut québécois d'Études sur la culture juive.

As well, other people have had an active part, from preparing the text or the photographs to editing the manuscript. Our thanks to Pierre Anctil, Jasenka Moskun and Evelyn Butt.

Le Québec aussi a ses pierres qui parlent du passé, du présent et de l'avenir.
Pierres qui parlent
des premiers arrivés, au long des millénaires,
Algonquins, Montagnais, Micmacs, Iroquois...
des explorateurs et des colons français, il y a quatre siècles,
Jacques Cartier, Champlain, de Maisonneuve, Lambert Closse...
et plus tard des administrateurs anglais et des premiers apports juifs,
et plus récemment du flot des immigrants venus d'Europe,
puis des autres parties du monde.

☙❧

Ce livre interroge les pierres d'une communauté
enracinée au Québec depuis 200 ans,
pierres des synagogues, des cimetières,
pierres des boutiques, des manufactures et des magasins,
pierres des demeures bourgeoises et des humbles duplex.

☙❧

Pierres vivantes de ceux et celles
qui consument leur existence au cœur de la ville,
assurant la continuité de leurs familles,
tissant au fil des jours les liens indestructibles
de la convivance avec leurs frères et sœurs
venus d'autres horizons géographiques et culturels
partager la Terre mère du Québec
pierre de la communauté juive.

Quebec also has stones that speak of the past, the present, and the future.
Stones that speak
of the first ones, millennia ago,
Algonkins, Montagnais, Micmacs, Iroquois,
explorers and French colonists, four centuries ago,
Jacques Cartier, Champlain, de Maisonneuve, Lambert Closse…
and later the English administrators and the first Jewish arrivals
and more recently the ships full of immigrants from Europe,
then from other parts of the world.

☙❧

This book is about the stones of a community
with roots in Quebec two hundred years deep
stones of synagogues, cemeteries,
stones of shops, factories, and stores,
stones of great mansions and humble abodes.

☙❧

Living stones of those
who envelop their existence in the heart of the city,
ensure that their families live on,
weaving through the days indestructible links
of conviviality with their brothers and sisters
who came from other horizons, geographic and cultural
to share the mother earth of Quebec,
Stones of the Jewish community.

Les pierres du mont Royal

Et au milieu de ces campagnes est située et
assise ladite ville d'Hochelaga, tout près d'une
montagne qui est, tout autour, labourée et fort
fertile, de sur laquelle on voit fort loin. Nous
nommâmes cette montagne le mont Royal.

JACQUES CARTIER

Qu'il arrive par le fleuve, la route ou la voie des
    airs,
le voyageur est accueilli par la montagne,
au cœur de l'île qu'on appelle aujourd'hui
    Montréal.
Jacques Cartier l'avait nommée le «mont Royal».
Elle donne à la ville son profil original,
unique en Amérique du Nord.

Une association juive du siècle dernier a pris le
nom de *Tur Malka*, la «Société de la montagne du
Royaume». Rassemblés au pied de la montagne, de
part et d'autre du boulevard Saint-Laurent, les
immigrants du *shtetl*, issus d'un autre univers
culturel, n'ont pas manqué d'être impressionnés
par la croix du mont Royal. Plus tard, un poète
montréalais, Abraham M. Klein, a chanté sa ville
et la montagne en des vers pleins de nostalgie, de
tendresse et de résonances mystiques:

La montagne

QUI ne la connaît que par sa croix célèbre
qui répand sa lumière
à cinquante milles dans la nuit
a vu un paysage nocturne;
et qui par une carte postale en connaît la forme —
buffle solitaire du troupeau laurentien —
tient à la main une carte postale.
Dans les strates des montagnes
s'inscrit l'histoire de l'humanité
et dans le mont Royal,
que chaque jour je contourne en tram
s'inscrivent ma jeunesse et mon enfance
(...)
Un de ces jours je monterai à la seconde terrasse
pour voir s'il est encore là —
le banc inconfortable des amoureux,

The Stones of Mount Royal

And in the middle of this country is situated
and located the town of Hochelaga, very near
a mountain all around which the land is
worked and very fertile and on which we can
see very far. We have named this mountain
Mount Royal.

JACQUES CARTIER

Whether they arrive by water, land, or air,
Travellers are welcomed by the mountain
in the heart of the island that today is called
    Montreal.
Jacques Cartier had named it "Mount Royal."
It endows the city with an original silhouette,
Unique in North America.

A nineteenth-century Jewish association named
itself *Tur Malka*, literally "Association of the
Mountain of the Kingdom."
Living together at the foot of the mountain, on
either side of St. Lawrence Boulevard, the *shtetl*
immigrants, born to a completely different culture,
could not help but be impressed by the cross on
Mount Royal. Later, a Montreal poet, Abraham
M. Klein, celebrated his city and its mountain in
lines full of nostalgia, tenderness, and mystical
resonance.

The Mountain

WHO knows it only by the famous cross which
    bleeds
into the fifty miles of night its light
knows a night-scene;
and who upon a postcard knows its shape —
the buffalo straggled of the laurentian herd, —
holds in his hand a postcard.
In layers of mountains the history of mankind,
and in Mount Royal
which daily in a streetcar I surround
my youth, my childhood —
(...)
One of these days I shall go up the second terrace
to see it still is there —
the uncomfortable sentimental bench

là —, alors que nous écoutions les cuivres d'une fanfare
adoucis et accordés à notre émotion par le soir et la distance
où j'ai dit à la jeune fille que j'aimais
que je l'aimais[1].

Et d'ajouter:

Et toi, qui surplombe la ville illuminée,
ô mont Royal,
tu es la mère de mon âme,
nourricière, généreuse[2].

Récemment, un jeune auteur, David Roskies, tout aussi amoureux de sa ville, faisait écho à Klein en présentant Montréal comme

la Jérusalem du Canada et le Vilno du Nouveau Monde
une ville vicaire, au cœur du Canada français,
avec ses églises catholiques, son fleuve et sa montagne,
et ses langues populaires qui empêchent d'oublier
la perte de la mère patrie.
(*Viewpoints*, Congrès juif canadien, mars 1990)

where,—as we listened to the brass of the band concerts
made soft and to our mood by dark and distance—
I told the girl I loved
I loved her.[1]

And he adds:

And you above the city, scintillant,
Mount Royal, are my spirit's mother,
Almative, poitrinate![2]

Recently, a young author, David Roskies, also enamoured of his city, echoed Klein, presenting Montreal as

the Jerusalem of Canada and the Vilna of the New World
a vicarious city in the heart of French Canada,
with its Catholic churches, its river, and its mountain
and its popular languages which keep us from forgetting
the loss of the mother country.
(*Viewpoints*, Canadian Jewish Congress, March 1990)

1. D'après un poème de A. M. Klein, «The Mountain», tiré de Zailing Pollock, dir., *A. M. Klein: Complete Poems*, Toronto, University of Toronto Press, 1990.
2. *Ibid.*

1. A.M. Klein, «The Mountain», in Zailing Pollock, (ed), *A.M. Klein: Complete Poems*, Toronto, University of Toronto Press, 1990.
2. *Ibid.*

INTRODUCTION

❧

LA COMMUNAUTÉ JUIVE ET LE QUÉBEC

Après plus de 200 ans d'histoire commune entre Québécois d'origine juive et Québécois de souche française, il y a encore des chercheurs, des journalistes et des écrivains pour s'interroger sur le passé et l'avenir de leurs relations mutuelles. Cette inquiétude se fonde sur deux raisons majeures: les manifestations d'antisémitisme d'avant la Seconde Guerre mondiale et l'évolution présente du nationalisme québécois. Nous avons analysé ailleurs ces deux phénomènes[1]. Qu'il suffise de rappeler les faits marquants de la cohabitation deux fois séculaires des deux communautés.

Les cent premières années ressemblent plutôt à une lune de miel. Deux communautés confrontées à un même défi: la survie par la conquête de leurs libertés civiles et religieuses. Dès 1763, on les voit joindre leurs efforts pour plaider leur cause auprès de Londres. Ils obtiennent, sous l'égide de Louis-Joseph Papineau, la charte émancipatrice de 1832, 27 ans avant leurs coreligionnaires d'Angleterre. Jusqu'aux abords de la Confédération, les deux communautés entretiendront des relations de bon voisinage, les Juifs se situant naturellement entre le pouvoir anglais et la masse «canadienne».

FOREWORD

❧

THE JEWISH COMMUNITY AND QUEBEC

After two hundred years of common history, Quebec Jews and French Quebecers—writers, journalists, and researchers—continue to question the past and the future of their relationship. Misgivings focus on manifestations of anti-Semitism before the Second World War and on the present constitutional crisis. We have analyzed these phenomena elsewhere.[1] Here, we will simply highlight some important points in the two centuries during which these two groups have lived side by side in Quebec.

The first century resembled a honeymoon. Two communities faced the same challenge: survival through achieving and establishing their civil and religious liberties. In 1763, they combined their efforts to plead their case in London. Under the leadership of Louis-Joseph Papineau, the Jews secured their Charter of Emancipation in 1832, twenty-seven years before their brethren in Great Britain. Until Confederation, the two communities maintained excellent neighbourly relations; the Jews were a natural buffer between the British powers and the "Canadian" people.

With the wave of refugees from Eastern Europe, especially in the 1880s, came a major

---

1. Voir Jacques Langlais et David Rome, *Juifs et Québécois français, 200 ans d'histoire commune*, Montréal, Fides, 1986, 308 p.

1. See Jacques Langlais and David Rome, *Jews and French Quebecers, Two Hundred Years of Shared History* (Waterloo: Wilfrid Laurier University Press, 1991).

Avec la vague des réfugiés venus d'Europe de l'Est, à partir des années 1880, s'amorce un tournant majeur dans les relations. La nouvelle communauté juive présente des traits culturels très accusés: langue yiddish, attachement très ancré à la tradition ashkénaze et volonté de survie qui met l'accent sur l'éducation. Elle choisit comme point d'insertion l'axe central de Montréal, de part et d'autre du boulevard Saint-Laurent, au cœur de la communauté francophone. Celle-ci présente, parallèlement, des traits tout aussi accusés: langue française, catholicisme traditionnel et, comme principale clé de survie, l'éducation confessionnelle. Deux groupes monoculturels, aux réflexes de minoritaires, qui doivent s'apprivoiser l'un l'autre et apprendre la convivialité.

Il y aura incompréhensions et heurts, sans aller toutefois jusqu'aux sévices ou à la coercition. La conjoncture européenne ajoutera au défi. L'antisémitisme, surtout celui de Hitler, finira par gagner l'ensemble du monde occidental et le Québec ne pourra y échapper.

Viennent la défaite du nazisme et la grande débâcle qui emporte avec elle, en quelques décennies, les cauchemars et les tabous d'avant-guerre: colonialisme, puritanisme, oppression raciste, sexisme, intégrisme et, bien sûr, l'antisémitisme. Le concile de Vatican II s'attaque, quant à lui, à l'antisémitisme larvé du christianisme des origines.

Du coup, les réfugiés de Montréal abandonnent leur ghetto volontaire, rue Saint-Laurent. Leurs enfants ont fréquenté les grandes écoles et ils prennent d'assaut le commerce, l'industrie et les professions. C'est alors l'exode vers les zones plus aérées de l'île de Montréal, Outremont, Côte-des-Neiges, Hampstead, Ville Saint-Laurent et Laval. Les écoles juives se multiplient, bientôt subventionnées en grande partie par le gouvernement du Québec, si bien qu'on peut dire que nul système scolaire au monde, mis à part celui de l'État d'Israël, n'est mieux adapté aux besoins de la communauté juive.

turning point. The new Jewish community presented very distinctive features: the Yiddish language, a deep attachment to the Ashkenazi tradition, and a powerful will to survive which stressed education.

This community settled at the central axis of Montréal, St. Lawrence Boulevard, in the heart of a Francophone community which was just as proud of its French language, traditional Catholicism, and, key to its survival, confessional education. These groups, each with its own culture, each a minority in a larger community, had to learn to live with each other.

Inevitably, there were misunderstandings and injuries, but never to the point of violence. The conjuncture of European developments added to the complexity of the challenge. When Hitler's anti-Semitism won over large sectors of the Western world, Quebec did not entirely escape this movement.

Then came the defeat of Nazism and the nightmares that accompanied it: colonialism, puritanism, oppression, and, above all, anti-Semitism. The Vatican Council soon attacked the anti-Semitism that had been gnawing in the roots of Christianity.

Suddenly, the refugees abandoned left their St. Lawrence Boulevard ghetto. They graduated from colleges and assaulted the bastions of commerce, industry, and the professions, and moved to the spacious neighbourhoods of Outremont, Côte-des-Neiges, Hampstead, Ville Saint-Laurent, and Laval. Jewish schools multiplied. With generous financing from the Government of Quebec, the Jewish school system grew to be the best ouside of Israel itself.

Many bridges have been built between the two communities, thanks to initiatives taken by the church and the intelligentsia of the province: the Canadian Council of Christians and Jews, the Judeo-Christian Dialogue, Dialogue Saint-Urbain, the Institut québécois d'études sur la culture juive, and the departments of Jewish studies at the universities.

Tant à l'initiative des Églises qu'à celle de l'intelligentsia, les liens se multiplient entre les deux communautés. Des organismes voient le jour: Conseil canadien des chrétiens et des juifs, Dialogue judéo-chrétien, Dialogue Saint-Urbain, Institut québécois d'études sur la culture juive et départements d'études juives dans les universités. Peu avant sa mort, le cardinal Léger écrivait à un ancien de la communauté juive de Montréal:

«Puisse le Seigneur faire du Québec et du Canada une terre de paix et d'amitié pour nos deux communautés comme pour toutes les autres communautés qui partagent avec nous cette terre qu'Il nous a confiée.»

Parfois, des sondages plus ou moins sérieux, des actes isolés d'antisémitisme — comme il s'en commet ailleurs en Amérique du Nord — des articles viennent semer le doute et l'inquiétude sur le passé ou l'avenir des relations entre les juifs et leurs voisins québécois français. Mais les décennies passent et les liens ne font que se raffermir.

Innombrables sont les pierres qui témoignent dans les villes et les campagnes québécoises du lien historique et intangible des deux communautés. Certes, on peut en trouver qui rappellent des épisodes douloureux. Mais, sans contredit, beaucoup plus nombreuses sont les pierres qui chantent la saga de cette rencontre historique entre deux communautés devenues partenaires dans ce coin d'Amérique du Nord appelé le Québec. Depuis les premières heures de leur rencontre, les pierres du parlement, dans la vieille capitale, parlent éloquemment des décisions prises qui se sont avérées bénéfiques pour la communauté juive, depuis les appels à Londres pour ses libertés civiques et religieuses jusqu'à ses avantages scolaires.

À l'occasion du 150ᵉ anniversaire de la loi émancipatrice de 1832, le constitutionnaliste Herbert Marx déclarait à l'Assemblée nationale du Québec:

Shortly before his death, Cardinal Léger wrote to an elder of the Montreal Jewish community, "May the Lord make Quebec and Canada a land of peace and friendship for our two communities, as for all other communities who share with us this land which He has entrusted to us."

As the decades pass, the bonds grow ever stronger. Innumerable stones in the Quebec cities and countryside bear witness to the indestructible links between the two communities; stones that sing the saga of the historic meeting of these two communities, now partners in this corner of North America, are more significant.

Since they first came together, the stones of the parliament in Quebec City have told eloquently of the many decisions adopted there for the welfare of the Jewish community, ranging from appeals to London for civil and religious liberties to the most advantageous organization of education.

On the occasion of the 150th anniversary of the 1832 Charter of Emancipation, the distinguished minister and constitutional expert Herbert Marx told the National Assembly,

> I have reviewed various Canadian discriminatory laws since Confederation which deprived residents of this nation of rights.... Fortunately, I have not found a single Quebec law since 1867 that failed to respect the law of 1832, and I have not found a single law in Quebec which discriminated against anyone because of his race or because of his religion.[2]

In 1982, the Government of Quebec proclaimed November 23 (or the nearest Sunday) as the "Journée des Patriotes" in gratitude to the memory of the patriots who fought for recognition of Quebec, for its political freedom, and for a system of democratic government.

---

2. This and other translations are by the authors.

J'ai eu l'occasion de faire la recherche sur les lois discriminatoires au Canada et j'étais très surpris de trouver des lois du XXᵉ siècle, ailleurs au Canada, où on a privé, par exemple, des Asiatiques de voter, ou de pratiquer certaines professions à cause de leur race. J'ai aussi trouvé, par exemple, des lois où on a privé les Doukhobors de voter — les Doukhobors, c'est, bien sûr, une secte religieuse — à cause de leur religion. Heureusement, je n'ai pas trouvé une loi au Québec, depuis la Confédération, qui n'a pas respecté cette loi de 1832 et, depuis la Confédération, je n'ai jamais trouvé une loi où on a fait au Québec de la discrimination contre qui que ce soit à cause de sa race ou à cause de sa religion.

En 1982, le gouvernement du Québec proclamait le 23 novembre (ou le dimanche le plus proche) «Journée des Patriotes», en reconnaissance et à la mémoire des Patriotes qui ont combattu pour la reconnaissance nationale du peuple québécois, pour sa liberté politique et pour un système de gouvernement démocratique.

Lors de la première célébration de cette journée à Saint-Charles-sur-Richelieu, le 23 novembre 1982, une réplique de la Colonne de la Liberté fut érigée sur le site de l'Assemblée des Six-Comtés en 1837. Les organisateurs tinrent à rappeler la loi de 1832 qui a conféré des droits politiques aux Juifs du Québec. À cette occasion, David Rome parla au nom du Congrès juif canadien. Sous les applaudissements enthousiastes de l'assistance, il rappela la participation des Canadiens d'origine juive au mouvement de libération politique de cette époque.

Près d'un an plus tard, le 30 septembre 1983, Herbert Marx revenait à la charge, lors de la proclamation de la Charte des droits de la personne dûment amendée et enrichie:

> On dit souvent que le Québec n'est pas une province comme les autres et cette fois il s'agit des droits de la personne; j'aimerais signaler dans quels sens le Québec n'est pas

At the first observance of the Journée at Saint-Charles-sur-Richelieu, on November 23, 1982, a replica of the original Column of Liberty was erected on the side of the Assembly of the Six Counties in 1837. The organizers recalled the 1832 law that granted political rights to the Jews of Quebec. David Rome, of the Canadian Jewish Congress, was invited by the Société Saint-Jean-Baptiste to speak at the ceremony. After a warm welcome from the crowd, he recalled the participation of Quebecers of Jewish origin in the political liberation movement of the period.

Almost a year later, on September 30, 1983, Herbert Marx declared, at the formal proclamation of the amended and augmented Quebec Charter of human Rights,

> It is often said that Quebec is not a province like the others, and this time it is in regard to personal rights that I would like to mention the ways in which Quebec is different. First, we have adopted different legislation from that which has been adopted in other provinces. I have had an opportunity to study the legislation in most provinces, and I was surprised to learn, for example, that in one province, there was a law that required Chinese people, citizens of Chinese origin, to carry identity cards. Another law I found forbade Hindus and Asiatics to practise certain professions, such as pharmacology. In another law there was discrimination against certain religious sects, such as the Doukhobors, and I found in one Canadian province schools reserved only for black people. There are similar examples, which I won't go into here.

> However, in making this study I have never found a Quebec law or a case of discrimination against any person by virtue of his ethnic origin, his religion or his colour.

> Second, since its adoption in 1975, our Quebec charter has been the most progressive of all provincial laws in Canada. For instance in our charter it is forbidden to discriminate against or toward anyone

une province comme les autres. J'en vois deux.

En premier lieu, du point de vue de la législation que nous avons adoptée ici et de celle adoptée dans les autres provinces. J'ai eu l'occasion d'étudier la législation de la plupart des provinces et j'ai eu la surprise de constater, par exemple, que dans une province il y avait une loi demandant que les Chinois, les citoyens d'origine chinoise, portent une carte d'identité. Dans une autre législation, j'ai découvert qu'il était défendu aux Hindous et aux Asiatiques de pratiquer certaines professions comme la pharmacie. [...] j'ai trouvé dans une province canadienne des écoles réservées exclusivement aux Noirs. Il y a d'autres exemples semblables que je passe pour le moment.

Pourtant, je n'ai jamais trouvé au Québec, au cours de cette étude, une loi ou un cas de discrimination contre une personne en raison de son origine ethnique, sa religion ou sa couleur.

En second lieu, depuis son adoption en 1975, notre charte québécoise s'est révélée la plus progressiste de toutes les législations provinciales du Canada. Par exemple, notre charte défend toute discrimination contre ou à l'endroit de quiconque à cause de sa condition sociale. C'est une disposition qu'on ne trouve nulle part ailleurs au Canada.

Bien plus, grâce aux amendements que nous avons adoptés au cours des huit dernières années et ceux qui entreront en vigueur demain, nous conservons notre avance en cette matière. Par exemple, dans le nouvel amendement, l'accès à l'égalité est prévu, de même que, dans des cas semblables, le pouvoir pour un tribunal d'ordonner l'application d'un programme d'accès à l'égalité. C'est une nouveauté. On ne trouve pareilles dispositions dans aucune législation des autres provinces.

En réponse à ce discours, le premier ministre René Lévesque a tenu à louer l'éminent

because of his social status. This provision is not found anywhere else in Canada.

Furthermore, through the amendments that we have adopted over the past eight years and those that come into effect tomorrow, we keep our lead in this matter. For example, equal access is provided in the new amendment, and a tribunal is established that can order the application of an equal-access programme. This is new. Such provisions are not to be found in the legislation of other provinces.

In summary, we are, and we should be, proud of our accomplishments in the realm of the protection of the rights and liberties of the person.

Premier René Lévesque, who also spoke that day, described his colleague's words thus:

At first glance we are surprised because he is not one of us politically; also, it is customary to run down our province in his circles, often to deprecate it before our very eyes. But he who spoke these words this morning was well situated to do so for he is both a jurist and a Jew; that is to say, he is well trained professionally to speak of it, and is shaped by history and by ancestral heritage to be sensitive to these matters.

I state simply: rarely have I heard anyone evoke so well, in so great and delicate a manner, the difference that is Quebec, and show us how rich it is and also how promising.

It is said that people vote with their feet. For two centuries Jews have been establishing themselves in Quebec, first from England, then from western Europe, and recently from the Middle East and North Africa. The stones of this country testify that these men and women, with their five thousand years of history, have found Quebec a welcome place in which it is good to live.

juriste devant l'Assemblée nationale en ces
termes:

> On est surpris à première vue parce que son
> auteur n'est pas un des nôtres politiquement;
> et aussi parce qu'il est d'usage de descendre
> notre province dans son entourage, souvent
> pour la déprécier à nos propres yeux. Mais
> celui qui a prononcé ces paroles ce matin est
> bien placé pour le faire, car il est à la fois
> juriste et Juif; c'est-à-dire qu'il est bien
> formé professionnellement pour en parler et
> sensibilisé par l'histoire et son héritage ances-
> tral à ces questions.

> Je dis simplement: rarement ai-je entendu
> quelqu'un évoquer si bien, d'une manière
> aussi importante et délicate, la différence que
> présente le Québec, et nous montrer combien
> il est riche et combien il est prometteur.

On dit que les peuples votent avec leurs
pieds. Depuis deux siècles, les Juifs sont
venus et viennent encore s'établir au Québec.
Ils sont d'abord venus d'Angleterre, puis
d'Europe de l'Est, et récemment du Proche-
Orient et d'Afrique du Nord. Nous avons
interrogé les pierres du pays, les pierres d'an-
tan comme les pierres d'aujourd'hui, les
pierres vivantes. Toutes témoignent éloquemment que ces hommes et ces femmes, porteurs
d'une culture cinq fois millénaires, ont trouvé
au Québec une terre d'accueil où il fait bon
vivre.

La saga interculturelle des Juifs en Occident

Au faîte de l'expansion islamique (IXe-XIIIe siècles de notre ère), la diaspora juive s'étendait essentiellement du Moyen-Orient à la péninsule ibérique. Le monde musulman était devenu le haut lieu d'une des plus brillantes civilisations de l'histoire, où fleurissaient les arts et les lettres, le monothéisme, la philosophie et la science.

La communauté juive en a été profondément marquée. Pendant des siècles, elle a produit de grands lettrés et des médecins dont la réputation débordait l'aire islamique. En Espagne, ses philosophes et ses théologiens parlaient l'arabe, et l'Europe médiévale leur doit, entre autres, la traduction latine d'Aristote. C'est en arabe que Moïse Maimonide formula sa pensée encyclopédique, notamment dans *Le guide des égarés*. Si bien que l'arabe est demeuré pour des siècles un des principaux véhicules de la pensée juive, avec l'hébreu, l'araméen et le yiddish.

Cette osmose interculturelle s'est répercutée sur tout l'Occident, y compris au Québec. De l'Espagne nous est venu, en passant par l'Angleterre, le rite sépharade — conservé jusqu'à nos jours par la première synagogue, «espagnole et portugaise», de Montréal — et, plus récemment, en passant par l'Irak et le Maroc, est arrivée une importante communauté sépharade francophone.

Peut-être l'apport le plus important demeure-t-il, pour le Québec, celui de la culture yiddish venue de l'Europe de l'Est et dont témoigne toute la gamme des institutions sociales et commerciales juives.

L'histoire de la contribution juive à la vie québécoise reste à écrire, que ce soit en littérature, en médecine ou sur le plan de l'économie, du commerce et de l'industrie. Il reste beaucoup à dire de la contribution du Québec à la vie de la communauté juive canadienne.

The Jewish Saga and Quebec

Because of Islamic expansionism from the ninth to the thirteenth century, the Jewish diaspora extended from the Middle East to Spain. The Moslem world had a profound effect on the Jewish communities. In Spain, Jewish philosophers and theologians spoke Arabic, and in medieval Europe they translated the works of Aristotle, already translated from Greek into Arabic, into Latin. Arabic was the language of Maimonides of Egypt. The rich Sephardic heritage came to Quebec via Amsterdam and London. The Montreal scholar of Jewish antiquity Yehudah Elberg is the trustee of this ancient heritage.

The old heritage is also new; the most recent Jewish immigrants to Montreal are, like the first, Arabic-speaking, folkloric Sephardi.

In the interim came European immigrants speaking Germanic Yiddish, laden with Middle Eastern Talmudic Aramaic, the bearers of the most advanced sociology, science, economics, and philosophy of the Western world—a mixture of humanity of many cultures seething on the pavements of Montreal.

Les juifs, comme les protestants, sont interdits en Nouvelle-France. Ils sont tout de même présents dans le livre de bord de Jacques Cartier, qui souligne le rayonnement de la «sainte foi [...] semée et plantée en la Terre Sainte». Ils le seront aussi plus tard par l'action d'armateurs juifs comme les Gradis de Bordeaux. Présents enfin par la religion catholique dont les grandes figures et les symboles les plus sacrés proviennent de la Bible et du peuple juif.

❧

Jews and Protestants were banned from New France. Nevertheless, they were mentioned in Jacques Cartier's ship log, which emphasized the spread of the "sacred faith... sown and planted in the holy ground." They would also be mentioned through the actions of Jewish merchants such as the Gradis of Bordeaux. Finally, they were present even in Catholicism, for some of the most important figures and holiest symbols in that religion originated in Judaism and the Old Testament.

L'Alhambra, propriété de Clarence de Sola, lieu de rencontre des premiers sionistes de Montréal

❧

Recalling the fantasy-filled architecture of Alhambra, the home of Spanish-origin Clarence de Sola was the gathering place of the early Montreal Zionists.

La communauté francophone découvre les trésors de la culture yiddish montréalaise. Ici, l'anthropologue Pierre Anctil, historien de la communauté juive au Québec, traducteur de l'un des plus grands poètes yiddish de Montréal, Jacob Isaac Segal. À l'arrière-plan, au pied du mont Royal, l'ancien quartier juif du Plateau Mont-Royal.

Dans le numéro 45 de la revue Continuité, Pierre Anctil trace le portrait de la communauté juive: «Malgré le vieillissement de sa population et un certain exode vers Toronto, la communauté juive montréalaise continue de jouer un rôle unique au sein de la société québécoise, en incarnant une manière différente de vivre la québécitude et en proposant une sensibilité et un vécu historique à nul autre pareil.»

❧

One French-Canadian link with Jewish Montreal is anthropologist Pierre Anctil, historian of Jewish Quebec, authority on the Francophones of New England, and translator into French of Montreal's greatest Yiddish poet, Jacob Isaac Segal. His favourite spot: the foot of the cross overlooking the location of the first Jewish community in Montreal.

In issue 45 of Continuité, Pierre Anctil drew a portrait of the Jewish community: "Despite the ageing of its population and an exodus to Toronto, the Montreal Jewish community continues to play a unique role in Quebec society, by living in Quebec in their own way and bringing a sensibility and a historical experience that is theirs alone."

De la véranda de ce qui fut le Centre gériatrique Maïmonide, les anciens de la communauté juive pouvaient apercevoir, au-delà de Fletcher's Field, le majestueux mont Royal.

❧

From the columned gallery of the original home of the Maimonides Geriatric Centre, elderly Jews could look across Esplanade Avenue to Fletcher's Field and Mount Royal.

Les premières pierres

The earliest stones

Près de Bécancour, l'ancienne seigneurie de la famille Hart   *Near Becancour. The former seigniory of the Hart Family*

Les fondateurs de la communauté juive au Québec

Le premier Juif à s'établir sur les bords du Saint-Laurent fut George Hart originaire de la Nouvelle-Angleterre. Arrivé en 1740, il épouse une femme de la Nouvelle-France. On compte parmi leurs descendants des fonctionnaires du gouvernement à Québec.

Il faut cependant attendre la Conquête pour voir la communauté juive prendre réellement pied au Québec. C'est ainsi que Aaron Hart va devenir à Trois-Rivières le fondateur d'une dynastie dont la descendance couvre l'Amérique du Nord. Il est en fait le patriarche de la communauté juive du Canada.

Son activité commerciale contribue rapidement à faire de Trois-Rivières une ville clé de la jeune colonie. Sa réussite inspirera les entreprises juives qui viendront par la suite.

Important propriétaire foncier, il lègue ses seigneuries et ses terres à ses fils qui les transmettront à ses petits-fils. Il établit pour sa famille une synagogue, la première au Québec, et un cimetière pour les Juifs.

Il envoie étudier ses filles chez les Ursulines de Trois-Rivières, tandis que ses fils, qui seront mêlés à la vie sociale, économique et politique du pays, iront étudier aux États-Unis. Ezéchiel sera élu député de Trois-Rivières à Québec et, avec son frère Moses, il sera l'un des actionnaires-fondateurs de la Banque de Montréal, en 1817.

Très tôt, les Hart, les Judah, les David et les Joseph, quatre grandes familles apparentées entre elles, formeront un clan qui constituera pendant un siècle le noyau de la communauté juive au pays, jusqu'à l'arrivée, en 1860, des immigrants ashkénazes venus de l'Europe de l'Est.

The Founders of the Jewish Community in Quebec

The first Jew to settle on the banks of the St. Lawrence River was George Hart, from New England. He arrived in 1740, and he married a woman from New France. Some of their descendants were civil servants in the Quebec government.

It wasn't until the Conquest, however, that the Jewish community gained a solid foothold in Quebec. In Trois-Rivières, Aaron Hart became the founder of a dynasty which spread throughout North America. In fact, Hart was the patriarch of the Canadian Jewish community.

His crowning possession was his Quebec land and the title of Seigneur de Becancour, which was passed on to his son and grandson; his relative, Judah, was appointed, half a century after Hart's death, as liquidator of seigneuries in a United Canada.

In his lifetime, Hart and his progeny established a synagogue for their family and a cemetery for any Jew who passed away in Lower Canada. His children founded the Jewish community in Montreal, and his relatives led the early Quebec City community. The classic conflict for permanence was played out in the saga of the Harts' cemetery. The Hart family papers found a more tranquil home in the Catholic seminary at Trois-Rivières and in the government's archives.

The Hart clan—Judah, David, and Joseph—were not only the founders and leaders of Canadian Jewry, for over a century after Aaron's death, they *were* Canadian Jewry, until large numbers of newer Jewish migrants came to Canada.

Trois-Rivières, comptoir international

Trois-Rivières: An International Exchange

La cour intérieure du couvent des Ursulines, à Trois-Rivières. Les filles d'Aaron Hart ont reçu leur éducation dans ces murs.

❦

The interior courtyard of the Couvent des Ursulines, a Catholic girls' school where Aaron Hart sent his daughters to study. The stone building dates back to the early 1800s. A classroom from that period has been preserved intact.

René Hart est de la sixième génération des Hart à Trois-Rivières. Son père, Joseph, son grand-père, Henry Ezekiel, et son arrière-grand-père, Ezekiel-Moses ont tous épousé des Canadiennes françaises. Lui-même a épousé Fleurette Carrier. Ses trois enfants ont aussi épousé des francophones. L'historien Denis Vaugeois a déjà fait remarquer que la fortune d'Aaron Hart et de son fils aîné, Moses, était surtout constituée de biens fonciers. Les descendants sont demeurés dans la région et ont été progressivement assimilés.

❦

René Hart
"My great-great-grandfather was Moses Hart, the son of Aaron. My grandson is Aaron Hart II." The land where the cathedral of Trois-Rivières stands today is said to have belonged to Moses Hart.

Mary McCarthy, qui fut la dernière compagne de Moses Hart, fils aîné d'Aaron Hart, aurait hérité de nombreux terrains dans le centre-ville de Trois-Rivières. Selon une légende entretenue par l'historien Raymond Douville, elle aurait été inhumée dans la cathédrale en guise de reconnaissance pour le terrain qu'elle aurait cédé gratuitement.

❧

According to a legend, Mary McCarthy the last «wife» of Moses Hart, donated the land on which the cathedral now stands on the condition that she be buried there.

Les pérégrinations des cimetières et des synagogues

La première sépulture juive de Trois-Rivières date de 1796, alors qu'Ezechiel Hart perdit une fille âgée de sept mois. Quelques décennies plus tard, Ezechiel fit don à la communauté d'un autre lopin de terre mieux situé, rue de la Prison. Les épidémies ravageaient périodiquement le Québec. En 1832, Henry Joseph et un de ses fils moururent du choléra et furent ensevelis sur place, dans leur jardin.

Montréal a acquis son premier cimetière sur l'initiative de la famille David. Il était situé au 11 Square Dufferin. Au milieu du XIXᵉ siècle, les trois premières synagogues acquirent des terrains sur le versant nord du mont Royal. Sous la pression de la grande migration des réfugiés juifs, on consacra deux autres cimetières, à Rivière-des-Prairies et à Ville Mont-Royal. C'est là que reposent les hommes

The Wanderings of Synagogues and Cemeteries

The seven-month-old daughter of Ezēkiel Hart was the first person to be interred in the Trois-Rivières Jewish cemetery, in 1796. Fifty years later, he gave another plot of land, on Prison Street, to the community.

Epidemics ravaged Quebec periodically. In 1832 Henry Joseph and one of his sons died of cholera and were laid to rest in their own garden. Montreal's first Jewish cemetery was on 11 Dufferin Square, thanks to the initiative taken by the David family. In the mid-nineteenth century, the first three synagogues acquired plots on the north side of Mount Royal. Population pressure due to the large migration of Jewish refugees led to the consecration of the Back River and de la Savanne cemeteries, the resting places of the men and women of the many synagogues and populist

et les femmes de nombreuses synagogues et d'associations populistes qui sont à l'origine de la communauté juive du Québec.

Les cimetières de ce pays n'ont pas toujours été des havres de paix. La «Maison de vie» de Berthier a été relogée dans le cimetière du mont Royal à Montréal. Les pierres tombales de Trois-Rivières, sans communauté pour en prendre soin, furent momentanément abandonnées et livrées aux voyous avant d'être transportées à Montréal. Elles ont finalement trouvé refuge dans le cimetière de la Congrégation espagnole et portugaise *Shearith Israel*.

L'émouvante assemblée des pierres

Les Juifs appellent leurs cimetières «maisons de vie». Les maisons de vie ont priorité sur toute autre institution, synagogue, œuvre de charité, associations. Elles assurent l'identification du défunt avec la communauté de ses ancêtres comme avec celle de ses descendants. Une association, la *Chevrah Kadisha*, veille à leur entretien.

Le rabbin Abraham de Sola note dans son journal que dans la ville de Trois-Rivières, la famille Hart avait acquis un terrain pour en faire un *Beth Haim* (Maison de vie). Elle en réserva la moitié pour son usage personnel et mit l'autre moitié à la disposition des autres israélites. Le terrain était situé sur la rue Alexandre (Hart), aujourd'hui la rue Radisson.

Avec l'arrivée, au début du siècle, des immigrants dépossédés de leurs biens, les funérailles et l'inhumation sont passés, au Québec, à la charge de la communauté. Synagogues et organismes populaires s'acquitteront de ce devoir, notamment la *Chevrah Kadisha* et l'Institut Baron-de-Hirsch.

associations who virtually created Quebec Jewry.

Cemeteries in this country were not always homes of repose. The Berthier House of Life was eventually removed to the Mount Royal cemetery in Montreal. The grave stones in the Trois-Rivières cemeteries were momentarily forgotten by the Jewish community. When they were finally moved to Montreal, they were given a second resting place in the cemetery of the Shearith Israel Spanish and Portuguese Congregation.

The Assembly of Stones

Cemeteries, the sacred assembly of memorials, have priority in communal life before synagogue or charity. They ensure that the deceased are identified with both their ancestors and their descendants. The care of the remains, even of unknown people, is placed in the hands of an honorific society, the *Chevrah Kadisha*. Its members are the peers of the Talmudic scholars.

In the first sketch of Quebec *machpelah* history, Rabbi Abraham de Sola records that "in the town of Trois-Rivières a piece of land was appropriated by the Hart family for a *Beth Haim* [house of life], one half retained by the Hart family, the other for the use of all Israelites. The ground is on Alexander Street off Hart Street"—today Radisson Street.

Since the beginning of this century, Jewish funeral and burial arrangements have become a community and commercial responsibility in Quebec. Before then, residents made private arrangements. But with the arrival of impoverished immigrants, popular organizations and synagogues found themselves charged with these tasks, notably the *Chevrah Kadisha*; soon, the central organization, the Baron de Hirsch Institute, assumed responsibility for this concern.

Le cimetière Shaar Hashomayim (Portes du Ciel), sur le versant nord du mont Royal, a été consacré par la Congrégation Shaar Hashomayim, la deuxième synagogue canadienne. Sa charte date de 1846, un demi-siècle après l'établissement de la Congrégation espagnole et portugaise Shearith Israel (Restes d'Israël).

❧

The cemetery consecrated by the Shaar Hashomayim (The Gates to Heaven) Congregation. It was the second Canadian synagogue, chartered in 1846, half a century after the establishment of the Shearith Israel (The Remnant of Israel) Spanish and Portuguese Congregation.

L'Arche qui protège les rouleaux de parchemin des écritures saintes de la synagogue espagnole et portugaise Shearith Israel.

❧

The ancient Ark that shelters the handwritten parchment scrolls with the Words of the Lord in one of Canada's earliest synagogues, the Spanish and Portuguese, now located in Snowdon.

La Menorah (Chandelier à neuf branches) qui est dirigée vers l'est, dans la synagogue Beth Parnass, rue Hutchison.

❧

Menorah (nine-candle candelabra) facing east, in the Beth Parnass Synagogue, Hutchison Street.

Québec, porte d'entrée du continent nord-américain

Porte d'entrée et première capitale de l'Amérique française, qui s'étendait du golfe Saint-Laurent au golfe du Mexique, Québec devait être le théâtre de la lutte entre les deux superpuissances de l'époque, la France et l'Angleterre.

Québec est le témoin d'une grande aventure coloniale, celle de la France des XVIe et XVIIe siècles. Les efforts de Champlain, de ses compagnons et de leurs successeurs permirent à la ville de Québec de devenir le cœur de la Nouvelle-France. Mais, bientôt, les avant-postes de l'empire français, Montréal, Détroit, Saint-Louis et la Nouvelle-Orléans prendront la relève.

La famille Joseph à Québec

La Conquête ouvre les portes de la colonie aux Juifs. La famille Joseph, dès son arrivée vers 1780, n'a pas tardé à faire sa marque dans le commerce mais également dans l'industrie, et, plus tard, dans les domaines de la télégraphie et de la téléphonie. Une descendante des Joseph a épousé le rabbin Abraham de Sola et, depuis, la stricte observance du rite

Québec: Gateway to the North American Continent

With its beacon, Chateau Frontenac, the city spread out below its Citadel, with its Plains and its Musée, its legislature, its Grande Allée, its port and its suburbs, its Île Orléans, Quebec City always promised to be the metropolis of the colony and the seat of government of its people.

The Joseph Family

The Conquest opened the doors to the colony for the Jews, and things began well for them. When the Josephs arrived in Quebec City, they began making their mark on all levels of society. Through the generations, they were popular and influential citizens, active in business, technology, politics, and institutional and social life, in Montreal no less than Quebec City, where they had a hand in building the Monument National. A daughter married the brilliant Rabbi Abraham de Sola, and pious observance of the Spanish rite has been the stamp of the family, as has the intense pride in their history and genealogy, which has been traced by engineer Martin Wolff and his daughter Annette Wolff.

Dans le Vieux-Québec, la nuit

☙❧

From the Citadel: Quebec City at Night

espagnol est devenue la marque de la famille Joseph.

Au milieu du siècle dernier, des centaines d'immigrants juifs venus d'Europe de l'Est commencent à arriver au port de Québec. Ces arrivants parlent des langues étrangères. Pour gagner leur vie, certains passent de porte en porte, dans les campagnes, pour vendre des produits qu'on retrouve difficilement à l'époque. En ville, ils ouvrent des magasins et des boutiques. Leur pôle géographique sera le quartier Saint-Roch, dans la Basse-Ville. C'est dans ce quartier qu'ils érigeront une synagogue, rue Sainte-Marguerite.

Le quotidien de l'époque, *L'Événement,* considère, en 1894, que les «peddlers» du quartier Saint-Roch sont des «Juifs allemands». Quant aux Québécois, les uns aiment ces «étrangers», alors que d'autres, sur les conseils de leur curé, évitent de faire affaire avec eux. Certains leur font des difficultés. En 1910, un notaire tentera de lancer contre eux une campagne de diffamation qui devait entrer dans l'histoire sous le nom d'«affaire Plamondon».

Au même moment, à Kiev, en Russie, une affaire semblable occupe les manchettes internationales: l'affaire Beilis, un Juif accusé de meurtre rituel. Comme à Kiev, le procès de Québec se retournera contre les accusateurs, laissant quelques décennies de répit aux victimes du discours antisémite, mais non sans marquer pendant un certain temps la mémoire des deux communautés.

But the Old City was within the colony. The countryside and the vast province gave a broader perspective, all the way to Lac Saint-Jean and Carlisle, and further, to Ontario and Louisiana, with growth, roots, resources, and neighbouring giants paralleling Quebec giants—Quebec peoples, in many Quebec dimensions.

In the mid-nineteenth century, Jewish immigrants began to arrive by the score—possibly by the hundred—in the port of Quebec City: hungry peddlers with strange tongues, searching for a hospitable population whom they could serve—with pins and patterns and shirts, and trade in hides and in garden crops, in general stores and in crafts. The Saint-Roch *faubourg* was where they assembled. Their synagogue, full of piety and warmth, was on Rue Sainte-Marguerite. One of their rabbis converted to militant Protestantism.

The daily *L'Événement* described the 1894 peddler community of Saint-Roch parish as German Jewish. Many loved the strangers; others were taught to suspect them. In 1910, a notary launched a defamatory campaign which became known as the Plamondon affairs. A similar scandal was making headlines in Kiev, Russia, where a Jew named Beilis was accused of ritual murder. But the head of the Laval University law school befriended and defended the Jewish lawyer, who had earlier spoken in defence of Québec's religious and cultural traditions before an assembly of critical Canadian legal experts.

Le cimetière juif de la rue Saint-Cyrille, à Québec. On y trouve les sépultures des Juifs irlandais qui ont péri lors du naufrage de l'Empress of Ireland, en 1914. De l'autre côté de la rue, le cimetière catholique, où l'on retrouve tant de grands noms de l'histoire politique, religieuse et sociale du Québec, dont René Lévesque.

In the Jewish cemetery on Saint-Cyrille the remains of Jewish passengers drowned in the sinking of the Empress of Ireland, *in 1914. Across the street the Catholic cemetery, the final resting place of René Lévesque.*

Quand Charles Shapera perdit son fils de dix ans, Henry Clarence, en 1891, il acquit un lot pour la communauté rue Saint-Cyrille. C'est là que reposent aujourd'hui les familles Joseph, Lazarovitch, Pollack, Asch et Goldberg.

When Charles Shapera lost his son, ten-year old Henry Clarence, in 1891, he purchased a plot for the community Rue Saint-Cyrille. Today, the remains of the Joseph, Lazarovitch, Pollack, Asch, and Goldberg families rest there.

Le pavillon Maurice-Pollack de l'Université Laval. La famille Pollack compte parmi les grandes familles juives de la vieille capitale. Elle fut connue grâce au grand magasin Pollack, dans le quartier Saint-Roch. De nos jours, le pavillon des étudiants de la première université française d'Amérique du Nord, l'Université Laval, porte précisément le nom de Pollack.

The Pollack family was one of the most successful Jewish families native to Quebec City. Through their department stores, they amassed a sizeable fortune. One of their lasting contributions was the Pavillon Pollack of Laval University, the hub of student activity on the campus.

La synagogue de Québec, Beth Israel Ohev Shalom, bâtie en 1952. Avec le temps, les communautés juives canadiennes se sont de plus en plus concentrées dans les grands centres. Les petites communautés sont moins nombreuses. C'est le cas de celle de Québec, qui a déjà possédé deux synagogues.

The Quebec City Synagogue today, built in 1952. In recent years the Jewish population in Canada has tended to concentrate in large centres; their presence in smaller communities, from the Rockies to the Atlantic Ocean, has diminished. Such is also the fate of Quebec City Jewry, which at one time patronized two synagogues.

33

George Stein dans la synagogue Beth Israel Ohev Shalom de Québec. Fils de survivants de l'Holocauste, et né au Québec, il s'est activement impliqué dans les activités de la synagogue. Celle-ci possède maintenant une école du dimanche (Talmud Torah) pour les enfants.

George Stein in the Beth Israel Ohev Shalom Synagogue, in Quebec City. "My family is from Czechoslovakia. Most of them were killed in the Holocaust. Only my parents are left. I was born here in 1953. When I first got involved, the synagogue was in bad shape. I spent weeks cleaning it up, painting, building shelves for books. Now we have a small Talmud Torah [Sunday school] for the kids."

La vie rurale

Une communauté rurale juive à Sainte-Sophie-des-Laurentides

Située à 80 km au nord de Montréal, Sainte-Sophie fut érigée sur la seigneurie de Terrebonne acquise par l'homme d'affaires Joseph Masson en 1832 dont l'épouse, Marie-Geneviève Sophie Raymond, fut une généreuse bienfaitrice. Une vague d'immigrants écossais a donné naissance à la municipalité de New-Glasgow. D'autres immigrants d'origines différentes se joignirent à eux: Italiens, Polonais, Ukrainiens et Russes, dont plusieurs Juifs.

Fondée au tournant du siècle par les Zaritsky, les Tinkoff et autres pionniers, la

Rural life

A Jewish Rural Community in the Laurentians

Sainte-Sophie, eighty kilometres north of Montreal, was originally a seigneury obtained by Joseph Masson in 1832. It has always boasted a mixture of Scottish, Irish, French, Italian, Polish, Ukrainian, and Jewish families.

The Zaritskys, Tinkoffs, and a handful of other families came to Sainte-Sophie before the turn of the century. In its heyday, in the twenties and thirties, the Jewish community had some twenty families, over one hundred citizens. Most of them were Russian Jews who had escaped the pogroms and persecu-

communauté juive de Sainte-Sophie comptait dans les années vingt une vingtaine de familles totalisant quelque cent personnes. Elle comptait surtout des Juifs russes qui avaient échappé aux pogroms. Ces Juifs formaient une modeste mais entreprenante communauté rurale qui marqua l'histoire des Laurentides.

Sainte-Agathe-des-Monts

Bien avant la vague touristique d'après-guerre, les Juifs montréalais avaient découvert l'excellente qualité du climat de Sainte-Agathe, située au cœur des Laurentides. On s'y rendait en voiture par des chemins sablonneux et tortueux ou encore par «le p'tit train du Nord». Il y eut jusqu'à 28 petits hôtels juifs, tel le Kaiserman et le Rabiner, disséminés dans la ville. Mais l'institution juive la plus connue reste le Mont-Sinaï, alors un sanatorium réputé, récemment converti en centre hospitalier pour soins prolongés.

Dans les années quarante, Sainte-Agathe comptait une quarantaine de familles juives. Les Belson et les Marks se souviennent de la synagogue improvisée, située à l'étage de l'unique boucherie kascher de l'endroit, et comment ils conçurent le projet de la construction de la synagogue actuelle, rue Albert. «Impossible de réunir les gens autour d'un projet comme le vôtre», répétait-on à Ruth Marks. Pourtant, la synagogue «Maison d'Israël» témoigne aujourd'hui de la détermination et de l'énergie de son initiatrice. Et la population de Sainte-Agathe? «Très sympathique», raconte Sarah Belson, se rappelant une avalanche d'appels d'amis francophones déplorant des propos désobligeants du curé de Sainte-Agathe à l'endroit des Juifs.

tion by Cossacks and White Russians. They had come with few means but a strong desire—like those who went to Palestine—the conviction that they could rebuild a life and a community. Their chosen home was Quebec.

Sainte-Agathe-des-Monts

Montreal was the urban capital of Canadian Jewry after 1770, and Sainte-Agathe-des-Monts—the core of French Canadian rural settlement—was long the primary spot for Canadian Jewish country retreats, for flight from the city's industrial plight, its tuberculous sweat shops, to the fresh air of the Laurentians. For a working man to join his wife and children at one of the Jewish hotels, such as Kaiserman's or Rabiner's, required a car trip of hours on tortuous, sandy roads, or else a train ride. After a weekend of playing cards for pennies, they were on their way back to the city.

Sainte-Agathe had its social, political, and cultural sides as well. There were both Zionist and private Hebrew camps for children, and the Mount Sinai Sanatorium for those struck down with chest diseases.

A dozen tiny synagogues, scattered in the mountain villages around Préfontaine and Val-David, eventually acquired a scion of the Carlbach family to head the central Beth Israel synagogue at Sainte-Agathe.

Le nom de la rivière qui traverse Sainte-Sophie porte un nom évocateur pour la communauté juive de la municipalité: la rivière «Jourdain».

❧

The river that crosses through Sainte-Sophie bears the Hebraic name Jourdain, the Jordan.

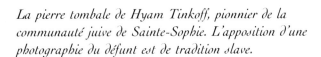

La pierre tombale de Hyam Tinkoff, pionnier de la communauté juive de Sainte-Sophie. L'apposition d'une photographie du défunt est de tradition slave.

❧

Photographs were placed in Jewish tombstones in the Slavic tradition. This one is of Hyam Tinkoff, a pioneer of the Jewish community in Sainte-Sophie.

Maurice Tinkoff s'applique à entretenir la propriété ancestrale située sur les bords de la rivière Jourdain. Son arrière-arrière-grand-père, Hyam Tinkoff, fut le premier Juif à s'établir à Sainte-Sophie.

Maurice Tinkoff calls himself "The Caretaker." Over the past two years, he has been meticulously renovating his ancestral graves on the banks of Rivière Jourdain. He says that Hyam Tinkoff, his great-great-grandfather, was the first Jew to come here. The family eventually divested itself of the estate, except for this lot, "because it was my grandfather's home. They all moved to Montreal. Now I've moved back here, and I'm staying."

Les livres de prière du rabbin Lewin, premier rabbin de la synagogue de Sainte-Agathe-des-Monts. Les livres sont un pilier fondamental de la foi juive: ils conservent la sagesse communautaire.

Ancient, uncatalogued Hebrew tomes are the inevitable features of an authentic synagogue, each providing a facility for the most advanced research into the heart of Judaism. The Sainte-Agathe-des-Monts synagogue is one such: thousands of valuable volumes that belonged to its Rabbi Lewin have since found their way to Canada's great academic collections.

Montréal, métropole de l'Amérique du Nord britannique

Les pionniers de Montréal

Bien avant l'arrivée à Montréal du rabbin Abraham de Sola, le fils d'Aaron Hart, Benjamin, avait été le chef spirituel de la communauté juive au Québec. Il fut l'instigateur de la construction de la première synagogue au Canada, rue Cheneville à Montréal, sur un terrain donné par l'ancêtre des David.

Dans le cimetière actuel de la Congrégation *Shearith Israel*, sur le mont Royal, on peut lire les noms des pionniers de la communauté montréalaise: Hart, Judah, David, Joseph... Plusieurs pierres tombales ont subi, malheureusement, l'outrage du temps. Les inscriptions sont parfois indéchiffrables.

Descendante des Joseph, Annette Wolff parle du premier ancêtre David venu de Swansea, au pays de Galles. Encouragé par un ami de la famille installé à Trois-Rivières, Aaron Hart, David s'établit à Montréal dès 1763. Le premier Juif à naître au Québec, de même que le premier à y mourir, sera un David. «La famille David, se rappelle-t-elle, acheta un terrain pour en faire un cimetière, parce qu'il n'y avait pas d'autre endroit pour enterrer le défunt juif. D'abord réservé à la famille, il passa à la communauté avec le terrain de la première synagogue, rue Cheneville, aux limites du Chinatown actuel.»

Au milieu du XIXᵉ siècle, les trois premières synagogues acquerront des terrains sur le versant nord du mont Royal. Mais le flot migratoire en provenance du *shtetl* amènera l'acquisition de deux autres cimetières: près de la rivière des Prairies (la «Back River» des anglophones) et rue de la Savanne. C'est là que reposent, enfin réunis, les fondateurs de la communauté juive ashkénaze du Québec.

La migration ashkénaze

Au milieu du siècle dernier, un vent d'intolérance, d'impérialisme et de nationalisme

Montreal, Metropolis of British North America

Montreal's Pioneers

In the mid-nineteenth century, Jews established themselves well in Quebec sector of society most open to them: the business world. They played a prominent role in an effervescent Montreal from the time of Confederation.

The first arrivals knew both English and French, and integrated easily into Montreal's social and economic fibre. They adopted a well-honed Victorian palette of manners and morals: they dined at a leisurely, aristocratic pace. Most of the immigrants of the 1880s, on the other hand, were penniless and spoke no English, only Yiddish and a host of other foreign Slavic tongues.

The gravestones in the Shearith Israel cemetery on Mount Royal bear the names of the Harts, the Judahs, the Josephs, the Davids. Annette Wolff recalls that, similarly to Aaron Hart, who established the cemetery in Trois-Rivières, the Davids took the initiative in Montreal.

By the 1860s, there were two synagogues in Montreal and, soon after, several cemeteries.

The Great Ashkenazi migration

Toward the end of the nineteenth century, the prelude to European and world war was beginning, with the rise of fanatical race hatred, rabid nationalism, aggressive patriotism. The first victims were Jews, who were massacred and driven en masse across deserts and oceans.

Millions explored Palestine, the southern hemisphere, and the Americas as possible refuges where they could contribute freely to the building of a better universe. In North America, they found Canada. One of them, William Hyman, went to Gaspé, where he built up an industry and served for many years as mayor.

agressif va souffler sur l'Europe, annonciateur des guerres mondiales du XXe siècle.

Vagues après vagues, par centaines de milliers, les Juifs vont chercher refuge dans le Nouveau Monde. Ils prennent le premier bateau disponible en partance pour New York, Halifax, Québec ou Montréal. Ils voyagent mêlés à la foule des immigrants venus comme eux des pays d'Europe de l'Est.

L'arrivée des réfugiés du Shtetl

À Montréal, ils s'installent le long de la rue Saint-Laurent, dans une sorte de *no man's land* séparant les deux communautés, francophone à l'est, anglophone à l'ouest. Dans ce Montréal en plein essor industriel, ils côtoient les immigrants de l'intérieur, les Québécois francophones venus du Bas-Saint-Laurent, de la Gaspésie, du Lac-Saint-Jean et de la Beauce.

Bientôt une nouvelle société de culture yiddish prend naissance autour des synagogues, des industries du vêtement, des magasins, des ateliers et des petites boutiques. À l'instar de leurs partenaires québécois, ils rêvent de survivance et d'épanouissement culturels. Comme l'ont fait leurs prédécesseurs venus de Londres un siècle plus tôt, ils se battent pour leurs droits, leurs écoles et leur survie comme communauté.

Au sein de cette communauté, il y a des courants divergents entre les descendants de la première vague, les «Uptown Jews», anglophones et philanthropes, et les nouveaux arrivants, les «Downtown Jews», de culture yiddish, syndicalistes, prolétaires, volontiers gauchistes, parfois marxistes. Mais tous se regroupent autour de leurs bibliothèques et de leurs associations d'entraide. En somme, ils forment une société inventive, éprise d'idéal biblique et de culture, avec ses journaux, ses cercles littéraires, son théâtre folklorique, cherchant sa nouvelle identité à la croisée de quatre langues: le yiddish, l'hébreu, l'anglais et le français.

The Arrival of Refugees from the Shtetl

Burgeoning Montreal became one of their first objectives—encouraged by the democratic government and the hospitality of its population. They settled by the thousands in a strip between the Francophone and Anglophone communities, around a fabled street named after the St. Lawrence River, the historic highway of Quebec. The centre of Montreal was also the new home of thousands of rural French Canadians who chose Montreal over exile in New England.

In the narrow strip between St. Denis Street and McGill University was built a light-garment industry, a Yiddish-speaking labour society, a nationalism based on the messianic dream of the Holy Land restored, a Quebec vision of democracy and togetherness with the French neighbours, Hebraic and Catholic orthodoxy in partnership.

There was often some distance between the long-term vision and short-term conflicts, with friction between older, English-speaking Jewish philanthropists, proletarians who did not know the meaning of multiculturalism, brutal employers, and ideologists. But by and large it was a peaceable immigrant society, founding synagogues, schools, libraries, and mutual-aid groups, passing on its culture, religion, and ambitions to the next generation. Its proudest achievements were its cultural development, its durable and high-minded press, its literary circles, its folkloric theatre, and its intense integration into Canadian life in Yiddish, Hebrew, French, and English.

What had been the first vibrant home of the French Canadian and Jewish proletariat at the beginning of the century has since become a major artery of Montreal.

Le leader de la Communauté juive du Canada, au tournant du siècle, le baron de Hirsch. Il a financé l'expérience agricole juive dans l'Ouest canadien, de même que l'organisation de la communauté à Montréal avec ses œuvres éducationnelles et philanthropiques.

❧

Baron de Hirsch was the patron of the needy Jewish people of the world a century ago, as well as the father of twentieth-century Canadian Jewry. He endowed Jewish farming in Quebec and on the prairies, and furthered the organization of urban Jewry and its philanthropic and educational structure in Montreal.

Au début du siècle, ce quartier a vu s'implanter les premières institutions de culture yiddish: des écoles, des synagogues, une bibliothèque publique, deux centres pour les jeunes, un complexe sportif. C'est de là que la communauté juive a remonté vers le nord. Les Juifs plus prospères, moins nombreux, vivaient à Westmount.

The district around "the lower Main" (St. Lawrence Boulevard) became the major area of Jewish settlement in Canada around 1900. As they prospered, they moved north along the Main to Pine, Duluth, and Saint-Viateur streets. The best-established and wealthiest Jews, in much smaller proportions, had always lived in Westmount. But the masses were downtown.

Un vieux mur du quartier chinois, témoin de la première insertion des ashkénazes à Montréal

❧

An old wall near what is now Chinatown, first settement of Ashkenazi Jews in Montreal

L'église de la paroisse chinoise catholique, angle Cheneville/Lagauchetière, a remplacé la synagogue des premiers arrivants.

❧

A Montreal site, on the corner of Cheneville and Lagauchetière streets: empty lot, then Jewish synagogue, and now the Chinese Catholic parish church.

Ces toits, rue Saint-André, ont déjà abrité l'intimité des familles juives.

Former Jewish homes, on Saint-André Street

LA SAGA DU YIDDISH À MONTRÉAL

THE SAGA OF YIDDISH IN MONTREAL

Dans la première moitié du XXe siècle, la rue Saint-Laurent — la «Main» (rue principale) comme on l'appelait — était vibrante de la vitalité exceptionnelle de la communauté juive. Elle était alors une des communautés les plus cohérentes, les plus épanouies et les plus fières de la diaspora mondiale.

Et pourquoi cette vitalité? Contrairement aux Irlandais, aux Grecs, aux Italiens ou aux Portugais, pour la plupart ruraux, les Juifs arrivaient des ghettos urbains de l'Europe de l'Est. Ils avaient l'expérience de la vie citadine.

Le souvenir des persécutions qu'ils avaient fuies les rendaient fébriles. Ils mettaient les bouchées doubles, dans un effort désespéré pour creuser toujours davantage un abîme entre leur passé et l'avenir de leurs enfants. L'Europe qu'ils avaient quittée était un enfer de haine dont ils pressentaient qu'elle enfanterait bientôt l'horreur de l'Holocauste.

De Pologne, de Russie, d'Allemagne, d'Ukraine et des autres pays d'Europe, les Juifs gagnaient par milliers les ports de la Manche et prenaient d'assaut les navires en partance pour l'Amérique. Montréal leur apparaissait comme un pont entre le vieux monde et le nouveau. La «Main», avec ses manufactures, ses ateliers, ses petites échoppes, ses boucheries, ses épiceries leur permettait de prendre pied dans cette ville qui leur donnait asile.

Montréal, à l'époque, était en plein essor —la deuxième ville en importance après New York — la métropole commerciale du Canada. L'industrie de la fourrure, florissante au temps des Hart et des David, avait fait place à l'industrie du textile et du vêtement.

In the first half of the twentieth century, the character of the Main was dominated by the vitality of its Jewish community. Their imprint on the place—its politics, its businesses, and its rituals—was complete. Over a span of fifty years, the Jews of the Main became one of the most cohesive, outspoken, and proud Jewish communities in the Western world.

Jewish immigrants were creatures of the urban ghettos of Eastern Europe. The Holocaust syndrome (the feeling of being constantly pursued and persecuted) gave them a single-minded, relentless urge to build the future from the ashes of their incinerated past.

From Poland and Russia, from Germany, from the Ukraine, and from other parts of the European continent, Jewish refugees arrived by the shipload on the shores of North America. Thousands settled in Montreal, Toronto, and, to a lesser degree, other Canadian cities.

These immigrants enhanced Montreal's status as a major link between the old world and the new. Urban development on the Main was gradually extended northward. With its factories, small shops, tailors, butchers, and grocers, the Main was the prime destination for these newly arrived refugees.

A burgeoning port, Montreal had already established itself as the financial and trade centre of Canada. The fur traders of the past were now supplanted by a thriving textile industry, second in size and output only to that of New York City.

The newcomers, townsfolk from Eastern Europe's razed ghettos, had none of the sophistication of the urban mercantile mind, and neither the means nor the desire to adopt that posture. Rather, they carried with them the

Le Monument national, lieu de rencontre de deux cultures

A Montreal temple sacred to two nations and two faiths: the Monument National was erected by the Catholic French-Canadian nationalist Société Saint-Jean-Baptiste.

Le Monument national

Dès ses premiers numéros, en octobre 1908, le *Canader Adler* relate un événement marquant du Montréal yiddish d'alors: Louis Mitnick, un des fondateurs du théâtre yiddish à Montréal, avait présidé, cette année-là, les cérémonies des grands fêtes juives au Monument national.

Le Monument national a été le haut lieu de l'histoire religieuse et culturelle des deux peuples, dont les croyances, bien que très différentes par certains côtés, sont étroitement apparentées.

Là se réunissaient les membres de la Société Saint-Jean-Baptiste, nationaliste, catholique et francophone. On pouvait y entendre les Armand Lavergne, Henri Bourassa, Lionel Groulx, ou encore assister à des pièces de théâtre. Émile Nelligan y récitait sa poésie.

C'était aussi l'endroit de prédilection des Juifs, au cœur de leur communauté. Ils s'y

impassioned ideals of a Marxist ideology, which fuelled their proletarian sensibility.

The two groups clashed, mostly in the workplace: the "Uptown" Jews often hired the newcomers, the "Downtown" Jews, who provided an ample source of cheap labour. In due time, trade unions and other community structures were organized to fight for workers' rights and to provide help for the needy. Intermarriage and religious, social, and business networks cemented relations between the uptowners and the downtowners and, within one generation, greatly minimized their differences.

The Jews of the Main had etched a proud and impressive heritage, perhaps very much a consequence of the torment that they had endured as a people.

J.A. Ogilvy & Sons, wholesalers, suppliers to Jewish peddlers on Saint-Antoine Street, issued a Hebrew religious calendar at the end of the nineteenth century for the benefit of their Jewish customers, the first in Canada,

Au cours des décennies, la communauté ashkénaze — les «Downtowners» — quitta son berceau des années 1900 pour progresser vers le nord: Duluth, avenue des Pins, Fairmount, Saint-Viateur. Quant aux «Uptowners», moins nombreux, ils vivaient depuis longtemps plus à l'ouest, vers Westmount. Ici Fletcher's Field, l'actuel Parc Jeanne-Mance, au cœur du quartier juif d'avant-guerre.

The progression north along St. Lawrence Boulevard reached Fletcher's Field and Mount Royal Street via gracious Esplanade Avenue. In its wake were the marble Rabinovitch clinic, playing fields, a library, synagogues, health services, an hospital, social-work centres, Talmud Torahs, secular Yiddish schools, theatres, Zionist and union meeting places, the Maimonides Old People's Home, and the Sir Mortimer Davis Y.M.H.A., near the respected cemeteries of the Spanish and Portuguese and the Shaar Hashomayim congregations, and Temple Emmanuel.

réunissaient pour prier, pour discuter sionisme avec Sokolow, Weizmann et Begin, littérature avec Leivick et pour jouer le théâtre yiddish.

Le Canader Adler

Fondé à Montréal en 1907 par H. Wolofsky, le quotidien yiddish *Canader Adler* a été le cœur et l'âme de la communauté juive au Canada. Le fils de Wolofsky, Daniel, se souvient:

> Avant les années trente, les Juifs de «la Main» étaient regroupés autour des rues Ste-Catherine et Ontario. Il y avait le magasin Gasco, les papeteries Granofsky et Rabinovitch et un restaurant juif. Il y avait même une banque juive, la Banque George Rabinovitch, mais elle ne faisait pas d'argent et dut

printed by A.L. Kaplansky. "Keep this Yiddish calendar in your pocket so that you will not need to search for our address…. Orders can be sent in English, German, French, Russian, Yiddish, etc. The cheapest house in Canada for all lines in linen goods."

The Monument National

Located as it was in the heart of the immigrant community, it also became for many years the centre for Jewish religious worship; for debates with the Zionists Sokolow, Weizmann, and Begin; for Yiddish theatre and poetry, for literary assemblies, and for Hebrew educational gatherings.

On September 30, 1900, Stanislas Prud'homme wrote to *Les Débats*,

L'ancienne résidence pour personnes âgées, le Moshav-Zekeinim, qui donne sur Fletcher's Field. Elle a été remplacée par le Centre gériatrique Maïmonide, rue Caldwell, dans Côte-Saint-Luc. Encore aujourd'hui, le réseau des œuvres philanthropiques et des services sociaux juifs est la gloire de la communauté.

❧

This building, facing Fletcher's Field, Mount Royal, and the cross, was once an old-age home. It was constructed near the former site of the Jewish Public Library. The Jewish institution, now known as the Maimonides Geriatric Centre and located on Caldwell Street in Côte-Saint-Luc, bears witness to Jewish concern for the aged.

être vendue à l'une des grandes banques de l'époque.

Mon père avait coutume de dire: «On n'emporte à la mort que ce qu'on a donné aux autres de son vivant.» Il est arrivé ici de Pologne en 1900, avec son épouse. Je suis né l'année suivante, rue Saint-Dominique. Mon père travailla d'abord comme tailleur dans une manufacture, mais ses mains ne tinrent pas le coup et il dut ouvrir un petit magasin qui passa bientôt au feu.

C'est alors qu'il eut l'idée de fonder un journal yiddish qu'il appela l'*Aigle juif*. Hebdomadaire au départ, le journal devint un quotidien. J'y suis entré en 1919 et y suis resté jusqu'en 1956.

L'*Adler* a été la grande voix politique, littéraire et culturelle de la communauté juive au Canada, grâce à des porte-parole sans équivalent dans le milieu yiddish canadien, comme

Last week I saw a Hebrew sign with the name of a Mr. Rabinsky, announcing "Services on the First and Second Days."

I went upstairs and found several hundred Jews celebrating their *Rosh Hashonah* before a sort of altar decorated with patriotic symbols. One of the elders of the tribe politely asked me to keep my head covered; he told me that the officers of the association had rented the Monument National to the Jews, as they had last year, on condition that this not be announced in the press.

In the first issue of the *Jewish Daily Eagle*, it was reported that High Holy Day services in the Monument National were sponsored by Louis Mitnick, who was soon to become one of the founders of the Yiddish theatre in Montreal. The cantor was assisted by a choir. Nurses cared for small children in an adjoining room so that young mothers could partici-

Sur la gauche, l'édifice du Canader Adler, *angle Ontario et Saint-Laurent. La photo de groupe montre le rédacteur entouré de ses collègues et de ses amis, pour un bon nombre engagés dans la politique. Nous sommes aux alentours de 1950.*

❦

On the left, the Canader Adler Building, on Ontario at St. Lawrence Boulevard. This photograph was taken in the office of the Jewish Daily Eagle *around 1950. "Half of them are our editors and half are politicians. They used to come and see us during election time to get the Jewish vote."*

R. Brainin, Y. Kaufman, I. Rabinovitch, J. Segal, K. Bercovici, M. Samuelson, les rabbins J. L. Zlotnick et H. Cohen, S. Wiseman et une foule d'autres. La presse yiddish mondiale et ses millions de lecteurs n'ont pas eu de meilleurs éditeurs que R. Brainin, ni, sur le plan littéraire, de journaliste plus remarquable que Isaac Yampolski, un parent et un émule de Sholom Aleichem. Pendant des décennies, l'*Adler* a publié une feuille jumelle anglophone, le *Canadian Jewish Chronicle*.

L'aide à l'immigrant, une tâche sacrée

Jusqu'à la fondation, au siècle dernier, du *Young Men's Hebrew Benevolent Society*, le futur Institut Baron-de-Hirsch, l'immigration à grande échelle était chaotique et mal financée. En 1919, le Congrès juif canadien rétablit la situation en instituant la *Jewish Immigrant Aid Society* qui depuis lors a veillé à l'accueil des

pate in the religious services. The Russian-Polish *landsmanschaft* was selling tickets for the benefit of its welfare work.

The Canader Adler

The heart of the community for sixty years was the *Canader Adler*, founded by H. Wolofsky in 1907.

> My father came here in 1900 from a little town in Poland. He was already married. I was born here in 1901 in a room on Saint-Dominique Street. My father worked as a cutter in a factory. After a few days, his hands were all blistered, so he quit and opened a little store. That burned down, and in 1907 he got the idea of setting up a Yiddish newspaper. He called it *The Jewish Eagle*, The *Canader Adler*.

The Canader Adler became the great political, literary, and cultural voice of Canadian

Le Dr Joseph Kage. Enseignant à l'école juive (Jewish People's School), journaliste au Canader Adler, *historien du Québec et de sa communauté, fondateur de comités nationaux pour l'avancement du yiddish. Il s'est surtout chargé de l'animation sociale de la communauté.*

Dr Joseph Kage was a teacher in Jewish People's School, a sociologist, a journalist with the Adler, *a historian of Quebec and of its Jewish community, a social worker, lecturer, the president of the Jewish Public Library, and a founder of the national committees for Yiddish.*

immigrants, y compris leur insertion dans le monde du travail et dans la société en général, l'obtention de l'aide gouvernementale disponible, l'éducation de leurs enfants, etc. La langue anglaise y était cependant à l'honneur, ce qui ne manqua pas de déplaire aux Juifs d'Afrique du Nord.

Très tôt, Joseph Kage s'est mis au service de la communauté, en organisant la formation professionnelle postdoctorale et en coopérant généreusement aux activités liées à l'immigration, particulièrement en Israël et au Maroc.

Jacob Isaac Segal

Sa vision poétique d'une rare qualité, ses accents d'amour et d'attachement indéfectible à la Tradition, la sublimité de son inspiration font de la poésie du Montréalais Jacob Isaac Segal un trésor du patrimoine yiddish cher aux Juifs du monde entier. Une Montréalaise d'adoption, comme sœur Marie-Noëlle de Baillehache, et un Québécois, comme Pierre

Jewry, featuring eminent political figures such as R. Brainin, Y. Kaufman, I. Rabinovitch, J. Segal, K. Bercovici, M. Samuelson, rabbis J.L. Zlotnick and H. Cohen, S. Wiseman, and scores of others. The world Yiddish press, with its millions of readers, had no better editor than the *Adler's* R Brainin, nor a more remarkable columnist than Isaac Yampolsky, contemporary and peer of Sholom Aleichem. For decades the *Adler* had a twin publication, the English-language *Canadian Jewish Chronicle*.

Helping Immigrants: A Sacred Task

Immigration a century ago was disorganized—chaotic, unplanned, poorly financed—until the Young Men's Hebrew Benevolent Society (later the Baron de Hirsch Institute) was founded. In 1920, the Canadian Jewish Congress created the Jewish Immigrant Aid Society. To help new arrivals find work and settle into the community, obtain government services, and learn the languages of Quebec

Anctil, l'ont découvert et ont tenté de transmettre en français l'enchantement de sa langue et de sa poésie.

Ainsi me chante Dieu à l'oreille

Et dans vos rues, une fois de plus, vais-je allumer
les lanternes solitaires de Mon *shabbès*.
Vos Yoselès, portant des chapeaux de velours,
passeront près de vous, apportant avec eux
les *taleysim* recouverts de sacs soyeux, couleur de
    vin.
Les portes magnifiques de la synagogue sont
    ouvertes,
tandis que Mon soleil file au-dessus de la terre
et que Mon ciel est clair et limpide.
Contre les piquets de la clôture, dans le jardin de
    la synagogue,
croissent des épines enrobées de mousse,
des herbes sauvages et des aiguillons.
Je le sais très bien
et j'en suis heureux.
Je vous ai laissé vous installer
en des localités vallonneuses,
en compagnie d'un peuple de Gentils.
Leurs petites églises résonnent jusqu'à Moi
et la fumée bleue de leurs prières,
qui s'en échappe, méandre en quête de Mes yeux.
Je perçois bien leur dépaysement à eux aussi
et la tristesse de leur si péniblement acquis,
si coriace maigre pain noir[1].

La bibliothèque publique juive d'après-guerre

Situé au pied de la montagne, à l'angle des rues Esplanade et Mont-Royal, cet édifice a été, pendant près de vingt ans, un centre mondial de la culture yiddish et de la culture en général.

En 1966, Guy Frégault, sous-ministre au ministère des Affaires culturelles du Québec

(particularly English, to the despair of North African Jews). The society protected women and children, trained them for citizenship, guided them vocationally, and helped them to establish sound relations with their fellow Canadians.

Jacob Zipper, literary inspiration for Jewish migration services along with H.M. Caiserman, wrote "Don't worry, brother, there is an eye that watches you in your distant travels and a hand to welcome you in the new land."

Kage very early became involved in community service, working actively to facilitate immigration, particularly from Israel and Morocco.

Jacob Isaac Segal

A very ordinary building, 5024 Clark Street, near the former Jewish Public Library, is a sacred site for lovers of Jewish literature and tradition all over the world. For decades it was the home of Jacob Isaac Segal, the great Yiddish Canadian poet.

Segal's rare poetic vision and expressions of love, tradition, and exquisiteness, written in Yiddish, constitute a world treasure. Quebecers who come in to contact with Jewish culture — for example, Sister Marie-Noëlle de Baillehache and professor Pierre Anctil — are enchanted with the language and poetry of Segal and find themselves translating hid work into French.

The Yiddish Library of the Americas

For some forty years, the Montreal Jewish library was the North American centre for Yiddish and other cultures. It was located at the corner of Esplanade and Mount Royal streets. In 1966, Guy Frégault, deputy minister of cultural affairs in the Quebec government, converted it into the archive for Quebec periodicals, a branch of the Biblio-

---

1. «Azoy zingt Got mir in oyer». Poème en langue yiddish de Yankev-Yitskhok Segal, tiré de *Lirik*, Montréal, 1930, p. 259. Traduit par Pierre Anctil.

récemment fondé, en a fait une succursale de la Bibliothèque nationale. Grâce à une transaction avantageuse, dont il prit d'ailleurs l'initiative, la bibliothèque juive fut relocalisée sur la Côte-Sainte-Catherine.

L'aura de sa vocation multiethnique persiste toujours, puisque ses plans ont été conçus par l'architecte-peintre Harry Mayerovitch et ses murs construits par le contracteur Gilletz, leader du Cercle des Travailleurs (Arbeiter Ring).

thèque nationale. Its multi-ethnic aura lives on, as it was designed by architect-painter Harry Mayerovitch and built by Jil Gilletz, contractor and leader of the Workmen's Circle. Thanks to an advantageous transaction initiated by Guy Frégault, the Jewish Public Library was moved to Côte Sainte-Catherine.

Les pierres vivantes

❧❧❧❧❧❧❧❧❧❧❧❧

Stones that live

Le rabbin Lewin et son ami, dans la synagogue de Saint-Agathe-des-Monts

Rabbi Lewin and his friend, St. Agathe Synagogue in the Laurentians

IRVING LAYTON

Un des grands poètes du Canada anglais, Irving Layton

One of Canada's best-known poets, Irving Layton is the genuine, authoritative voice of Jewish-canadian literary prowess.

Irving Layton compte parmi les interprètes les plus connus de la tradition populaire juive. Il est originaire du vieux quartier juif de Montréal et plus précisément du Plateau Mont-Royal.

> Depuis ma naissance, en 1913, jusqu'en 1950, ce quartier a été mon champ de bataille. C'était un quartier turbulent, peuplé de Juifs, de Canadiens français, de Slaves, d'Italiens. La «Main» était bordée de magasins juifs portant des noms comme Cohen, Lidenberg, Margolis, Lindover et Goldberg.
>
> Les souvenirs les plus vivaces que j'en garde sont les batailles. Aux environs de Pâques, pendant la célébration de la mort et de la résurrection du Christ, une réaction semblait se déclencher chez les Gentils. L'envie les prenait de venir se battre avec les Juifs. Immanquablement, à chaque fête de Pâques, ils tombaient sur les Juifs avec des bouteilles et des briques et nous les attendions sur les toits, comme une armée, avec des bâtons et

That district was my stomping grounds from 1913, the year of my birth, until 1950. It was a turbulent neighbourhood, full of Jews, French Canadians, Slavs, Italians. Along the Main it was all Jewish stores. Names like Cohen, Lidenberg, Margolis, Lindover, and Goldberg lined the street.

The strongest memory I have is of clashes. Around Easter, during the observances of the death and resurrection of Christ, something seemed to happen to the Gentiles. They took it as a cue to come and beat up the Jews. So without fail, every Easter, they would descend on the Jews with bottles and bricks, and we'd be waiting for them on the roofs, like an army, with sticks and stones, with anything. There would be pitched battles, and sometimes serious injuries.

It was also a colourful neighbourhood of drunks and prostitutes. I didn't know what prostitutes were then, I just knew that there were certain women my mother did not

des pierres, n'importe quoi. Il y avait des échanges de tir et parfois de graves blessures.

C'était aussi un quartier très coloré peuplé d'ivrognes et de prostituées. Je ne savais pas ce qu'elles étaient, si ce n'est que c'était des femmes que ma mère désapprouvait. Quand les pots-de-vin n'étaient pas assez gros ou qu'ils voulaient faire un coup d'éclat, les policiers envahissaient un bordel. Je regardais sortir en riant les prostituées court-vêtues, et les pauvres hommes se cachant derrière leur chapeau. Ils n'appréciaient guère l'aventure, mais les dames ne le prenaient pas au tragique, car elles savaient qu'elles seraient de retour au boulot le lendemain. C'était clair, pour des jeunes garçons comme moi, que les bordels n'étaient pas très appétissants, ni propres et qu'on n'y verrait jamais un bon garçon juif.

C'était donc une combinaison inoubliable alliant la dureté de la réalité quotidienne, la misère de ces rues ennuyeuses aux prises avec la pauvreté, l'existence traquée des petites gens et la piété religieuse, si loin de tout cela.

Endroit formidable pour un jeune. Pour un poète, il n'y avait rien de meilleur. C'était cru, populaire, dynamique, et spectaculaire. Il y avait les odeurs, les scènes, les sons et les batailles. Vie à la fois riche et merveilleuse. Je me prends parfois à plaindre mes enfants qui vivent en banlieue et n'ont jamais connu cela.

approve of. When the bribery wasn't sufficient or when they felt they had to make a show, the cops would raid a whorehouse. So I'd watch these prostitutes coming out, blowsy and laughing, and the poor men, holding their hats in front of them. They were not enjoying the thing at all. But the ladies took it in their stride; they'd be back again in business the following day. It was made clear to young boys like me that whorehouses were unsavoury, unclean, and a good Jewish boy would never be found dead in them.

It was the memorable combination of the starkness of daily reality, the meanness of drab, poverty-stricken streets, the pinched narrow lives that people led on those streets, and the religious piety that was so foreign to all this.

It was a great place to grow up. For a poet, nothing could have been better. Raw, vulgar, dynamic, and dramatic; there were smells and sights and sounds and fights. It was altogether a rich and wonderful life. Sometimes I'm sorry for my children, who live in the suburbs and never had anything like this.

LAVY N. BECKER

Le rabbin Lavy N. Becker devant sa maison natale, rue Prince-Arthur

Rabbi L.N. Becker outside the place of his birth, on Prince Arthur Street

Le rabbin Lavy N. Becker a reçu une formation de travailleur social. Il s'est rendu en Europe, au cours de la Seconde Guerre mondiale, pour aider les survivants de l'Holocauste à gagner la Palestine et se battre pour l'indépendance de l'État d'Israël. À Montréal, il a fondé la première Congrégation reconstructionniste du Canada.

> Mon père est arrivé à Montréal en 1903 pour travailler comme *cantor* [chantre pour les services religieux]. Je suis né en 1905, rue Prince Arthur. Entre Saint-Dominique et la rue Coloniale, il y avait une grande salle où l'on dansait et donnait des réceptions. Quand

Lavy N. Becker, one of the leaders of the Canadian Jewish Congress, is a rabbi trained as a social worker, who went overseas during the Second World War and assisted survivors of the Holocaust to reach Palestine and to fight in the Israeli War of Independence. In Montreal, he established Canada's first Reconstructionist Congregation.

> My father came to Montreal in 1903 to work as a cantor [man who chants the religious service]. I was born on Prince Arthur Street in 1905.
>
> Between Saint-Dominique and Colonial Streets there was a large hall where parties

j'étais enfant, je savais que les Juifs anti-religieux y organisaient des danses publiques à la veille de *Kol Nidrei*. Pour nous, c'était épouvantable et nous étions sidérés par le spectacle qui se passait sous nos yeux.

Nous vivions à côté d'une blanchisserie chinoise. Nous partagions l'arrière-cour et nous sommes devenus très amis avec nos voisins chinois. Je me rappelle en particulier les noix de litchi qu'ils me donnaient. De l'autre côté de la blanchisserie, il y avait une petite confiserie tenue par un Canadien français, un nommé Piquette. Nous nous retrouvions là pour acheter nos bonbons.

Notre autre voisin était la famille Williams. M. Williams était le «Sabbath Goy» [l'assistant pour le sabbat] de la synagogue. Il éteignait les lumières après le service. Mon père lui donnait de l'argent le vendredi pour qu'il nous achète des billets de cinéma pour le samedi après-midi, parce que la loi juive interdit d'utiliser de l'argent le jour du sabbat.

Une famille juive s'était plainte du bruit qui venait de la synagogue hassidique voisine de chez elle. Je suis allé faire enquête. C'était une maison ordinaire. Le rabbin vivait à l'étage et sa synagogue était en bas. J'ai découvert que les voisins étaient dérangés surtout en été, quand les fenêtres étaient ouvertes pendant les sessions prolongées de prière et de chant.

J'ai suggéré que nous offrions un climatiseur à la congrégation, pour qu'elle n'ait plus besoin d'ouvrir les fenêtres pendant la saison chaude et la querelle s'est réglée définitivement. C'était comme ça qu'on faisait, dans le temps.

and dances took place. As a child I knew that anti-religious Jews held public dances there on *Kol Nidrei* eve. This was considered a terrible thing, and we found it shocking that such things were taking place right under our noses.

We lived right next to a Chinese laundry. We shared a backyard with them and we became very friendly. I particularly remember the lychee nuts I used to get from them. On the other side of the laundry was a small confectionery run by a French-Canadian, Piquette. We all gathered there for our penny candies.

Next door were the Williams family. Mr. Williams was the "Sabbath Goy" [one who assists Jews during the Sabbath]. He would come to the synagogue after the service to turn the lights out. My father gave him money on Fridays so that he could buy tickets for us to go to the movies on Saturday afternoons, since handling money on Saturday is against Jewish law.

There had been complaints from a Jewish family about the noise coming from the Chassidic synagogue next door. I went over there to investigate. It was an ordinary house; the rebbe lived upstairs, with his synagogue downstairs. The neighbours were most disturbed in the summer, when all the windows of the synagogue were open during long sessions of prayer and chanting. I suggested that we buy the congregation an air conditioner, so that they wouldn't need to open the windows during the hot summer months, and the feud was permanently resolved. That's how things were done in those days.

LEAH ROBACK

Leah Roback est originaire de Beauport et francophone. Depuis son enfance, elle s'est identifiée à son milieu francophone. Elle s'est attachée aux pauvres et aux travailleurs de la campagne, puis à ceux de la ville de Québec, toute proche. Elle les aimait. Elle a lutté pour leurs syndicats. Elle est devenue leur porte-parole. Et ils le lui ont rendu par l'amour et la fidélité qu'ils lui portaient. Un film récent (*Des lumières dans la grande noirceur*, de Sophie Bissonnette, 1991) rappelle les conditions héroïques de sa lutte.

Son frère Léo fut un compagnon d'armes dans les combats qu'elle a menés pour les droits et dans plusieurs cas de philanthropie qu'elle avait à cœur.

Leah Roback, born in Beauport, Quebec, has been thinking and speaking for herself since she was a child. With French as her first language, she identified closely with her French-Canadian neighbours, many of whom were poor and working class, first in the countryside and then in Quebec City. She fought for them in unions and became their fearless spokeswoman, and they reciprocated with love and loyalty. A recent Montreal documentary film (*Des lumières dans la grande noirceur* of Sophie Bissonnette, 1991) portrayed Leah Roback during the dark Duplessis period of Quebec history. Her brother Leo was her comrade in arms in many battles for rights and in many philanthropic crusades.

Sa grand-mère est une figure légendaire dans les annales de la lexicographie yiddish et son oncle Abraham Roback, un scientifique de Harvard mondialement connu, a battu la marche dans l'étude de la langue.

Her grandmother became a legendary figure in the annals of Yiddish lexicography. Her son, Abraham Roback, was a professor at Harvard who used the spoken Yiddish of his mother as a model in his studies.

ENA ROBINSON

Ena Robinson se passionne pour la sauvegarde de l'héritage juif de la ville de Québec dont la communauté ne compte plus que quelques membres. De l'avis de l'historien Denis Vaugeois: «Ena Robinson *est* l'âme de la communauté juive de Québec.»

Ena est maintenant très attachée au cimetière où sont enterrés tous les membres de sa famille et plusieurs de ses amis. « Croyez-moi, je sais combien il est difficile d'enterrer ses proches.» Pour cette raison, Ena s'est rendue à Montréal, a acheté et fait graver sa propre pierre tombale qui est maintenant placée sur le lot familial. «Ainsi, quant le jour sera venu, je ne dérangerai personne.»

Ena Robinson is passionate about safeguarding Jewish heritage in Quebec City. What used to be a population of 15,000 has dwindled to a few members. The cemetary is where Ena has most of her attachments now. Here are buried her grandfather, parents and sister, as well as many of her close friends. Through her efforts the cemetary has been well-maintained.

Ena is the last remaining member of the family. «Believe me, I know how much aggravation it is to bury your relatives,» she says. For this reason Ena has travelled to Montreal, bought her tombstone and had it shipped to Quebec where it now sits, her name inscribed upon it, on her plot close to the cemetary entrance. «That way, when the day comes, I won't be trouble to anybody.»

TED (HERMAN) ALLAN

Son film, *Lies My Father Told Me (Les mensonges que mon père me contait)*, est l'autobiographie de ce grand écrivain canadien. Le reste de son œuvre en est le commentaire.

Mon père a eu un magasin de marchandises sèches, puis, pour un temps, une manufacture. Il était le maniaco-dépressif classique: il ne gardait jamais rien longtemps.

J'ai dû quitter l'école à 11 ans. À 17 ans, j'étais devenu gérant d'une succursale des quincailleries Pascal, en même temps que dirigeant de la *Young Communist League*. Nous avions une réunion chaque soir, après quoi nous passions des circulaires, ce qui m'amenait à dormir jusqu'à 11 heures le lendemain. Par chance, mon assistant, un nommé Sonny, censé espionner pour le compte du patron, Arthur Pascal, me protégeait.

Un beau jour, M. Pascal est venu s'informer où était Allan. Sonny lui a répondu que j'étais chez le coiffeur, à côté, et il a couru me téléphoner que le patron était au magasin et voulait me voir. Malheureusement, je vivais dans le quartier juif, à l'autre bout de la ville.

Le patron, évidemment, a découvert la combine, mais il ne m'a pas renvoyé. Il m'a tout simplement transféré à un autre magasin où il ne m'a plus été possible de faire la grasse matinée.

Ted (Herman) Allan's film *Lies My Father Told Me* is the profoundly authentic autobiography of the great Canadian short-story writer. The rest of his work is simply commentary.

My father had a dry-goods store, then, for a while, a factory. He was the classic manic-depressive, never stayed with anything. I had to quit school when I was eleven to work. At seventeen, I was manager for a branch of Pascal's Hardware stores. At the same time I was a leader of the Young Communist League. Every night we had meetings after which we went leafleting. So during the day I slept in until about eleven. Luckily, my assistant, a guy called Sonny who was supposed to be Arthur Pascal's spy, covered up for me.

One day, Mr. Pascal came in and asked where Allan was. Sonny told him I was next door getting a haircut at the barbershop, and then ran to the barber and telephoned to say that Mr. Pascal was in the store looking for me. I was living in the Jewish district across town, and that was far from the store. The boss found out, but he didn't fire me. He just transferred me to another store where I couldn't sleep in any more.

CETTE RELIGION QU'ILS ONT APPORTÉE AVEC EUX

Les immigrants du siècle dernier emportent dans leurs bagages divers éléments culturels de l'Europe de l'Est et, entre autres richesses, les expressions folkloriques de leur foi.

Nouveaux venus à la vie urbaine, ils n'hésitent pas à afficher leurs traditions dans la rue, et même sur les campus universitaires. Ils vont pour un bon nombre la tête couverte de la calotte *(yarmuka)*, une mèche de cheveux aux tempes, une frange *(tzitzis)* dépassant le bas de leur veste. Les enfants chantent à haute voix les mélodies du Talmud. À la fête des tabernacles *(Succoth)*, les parents construisent des petites tentes fragiles dans l'arrière-cour, et leur façon de discuter de leurs affaires sonne différemment aux oreilles locales habituées à la logique et à la courtoisie empesée d'Oxford ou de Paris.

THE RELIGION FROM THE OLD COUNTRY

Those who have arrived in Quebec over the past century have been living Ashkenaz Judaism for six centuries, in a form nearly a thousand years old, centring on intensive education from infancy to the deathbed, a religious education that was not just a preparation for life, but life itself. This education dealt with language, folklore, art, law, justice, wisdom, science, and citizenship.

The immigrants of a century ago—observant or questioning or atheist—retained this Judaism and proceeded to build Canadian Jewish life on these definitions of their national identity and heritage, even though the lands where they settle were often suspicious of or hostile to the religion-impregnated civilization of the European Shtetl.

Les châles de prière dans le vestibule de la synagogue Shaarei Zion à Côte-Saint-Luc

❧

Prayer shawls in the hall of the Shaarei Zion Synagogue in Côte-Saint-Luc, adjoining the Solomon Shechter Academy

Ces immigrants vont se hâter d'organiser des lieux de culte, d'étude ou de rencontre qui tranchent avec les habitudes et les conceptions de la population environnante. La serviette mouillée à l'entrée de la synagogue ou la cacophonie de la petite congrégation où chacun s'adresse à Dieu dans ses propres termes et chante comme il l'a appris jadis, dans son village, de ses parents et de son maître d'école. D'ailleurs, ses voisins ont souvent leur propre congrégation dont ils ont rédigé ou simplement édicté oralement les règlements. Dans cette démocratie où règne l'égalité universelle, nul besoin de supérieurs, encore moins de rabbins. Chaque groupe peut en engager un — ou ne pas en engager — et quand il le fait, c'est habituellement de façon informelle et sans contrat.

Les Tables de la Loi, proclamée par Moïse à l'adresse de l'humanité sont gravées au mur de la synagogue d'une des plus vieilles congrégations de Montréal, la Société pour l'étude des psaumes, «Chevrah Linath Hatzedeck Chevrah Thilim» («Pour ceux qui reste toute la nuit avec le malade et récite les psaumes»).

❧

The Ten Commandments, proclaimed by Moses to all mankind, are recalled to the worshippers of one of the oldest congregations in Montreal, at their synagogue, the Chevrah Linath Hatzedeck Chevrah Thilim ("For those Who Stay All Night with the Sick and Recite Psalms").

L'intérieur de la synagogue Stepiner, rue Saint-Urbain. Construite dans les années trente, elle a été fermée puis vendue en 1989.

The Stepiner Synagogue, on Saint-Urbain Street. It was built in the 1930s and sold in 1989.

Un phénomène courant dans le Montréal pluriculturel d'aujourd'hui: angle Hutchison et Fairmount, l'ancienne synagogue de la Compagnie des étudiants du Talmud, devenue le foyer de la Fédération nationale ukrainienne.

❧

Over the years, the Synagogue of the Company of Students of the Talmud became the home of the Ukranian National Federation, synagogue further south on Fairmount Street was taken over by the Portuguese community.

À l'intérieur de l'Arche Sacrée, où sont gardés les Rouleaux des Saintes Écritures, on range également les objets du culte qui reflètent bien la richesse de la religion juive.

❧

Within the intimacy of the Sacred Ark, beside the Rolls of the Holy Faith, are some accoutrements of divine worship: the embroidered curtain, the Crowns of the Torah, its breastplates, reading pointers, the ribbons that are tied around the scrolls, the rolls of the Books of Esther, Ruth, Ecclesiasties, and supplementary chapters from the prophets, and precious memento of the particular congregation. In some European cities, the ark retained the illuminated winding ribbons that were used to bind infants in their cradles.

קריעת ים סוף

La peinture et les autres arts figuratifs n'étaient pas encouragés dans la tradition orthodoxe. Mais ils se retrouvaient parfois dans la sculpture des Arches qui abritent les Rouleaux de la Loi, de même que sur des broderies. L'origine de cette peinture, sur le mur de la Synogogue Stepiner, reste un mystère.

Paintings and other figurative art were discouraged in the orthodox tradition, but they are sometimes found in the sculptures of the Sacred Arks for the scrolls of the Law, and in the embroidered prayer-shawels. The origins of this painting on the wall of the Stepiner Synagogue remains a mystery.

La communauté hassidique Bobov dans sa synagogue, rue Hutchison

The Bobov Hassidim in their synagogue, Hutchison Street

La synagogue est l'école de tous, de cinq à cent vingt ans. Sa bibliothèque est le seul luxe de son ameublement et son unique collection d'œuvres d'art.

❦

The synagogue is everybody's school, no matter what their age. Its library is its only ornament and its only art museum.

La visite du «Rebbe». Un univers où les vieillards sont beaux.

❦

The visit of the Rebbe. A world in which the old men are beautiful.

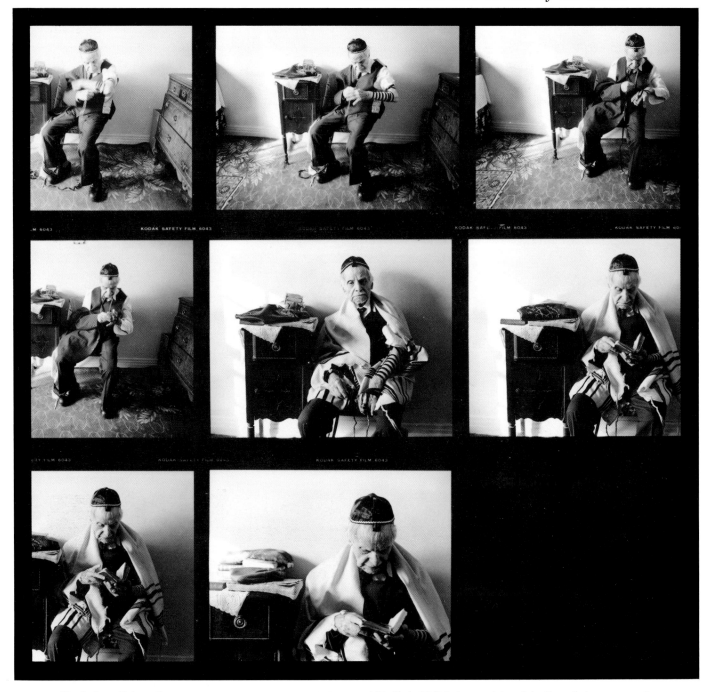

Abdullah Hillel est devenu, après son arrivée en 1958, le leader spirituel de la communauté juive originaire d'Irak. Il était le grand-père du photographe Edward Hillel.

Abdullah Hillel, late spiritual leader of the community of Jews from Iraq, arrived in Montreal in 1958. He was the grand-father of Edward Hillel.

Au début de la journée, le Juif pieux se remémore les commandements de la Bible inscrits sur les phylactères. Il attache soigneusement sur son front et son bras gauche, soit le plus près possible de sa tête et de son cœur, deux petits cubes renfermant la copie, soigneusement exécutée par un scribe, des passages bibliques centrés sur l'essence de la Loi divine.

Cette copie est écrite sur parchemin, dans les caractères sacrés portant les marques mystiques. Elle contient les passages des Cinq Livres de Moïse (le Pentateuque). Chaque syllabe et chaque mot sont copiés avec amour, selon les règles concernant les intentions et les ablutions dans l'eau pure, et avec toute l'érudition requise pour la transmission fidèle du Texte biblique, comme ceux des Rouleaux sacrés qui sont lus respectueusement et publiquement, le jour du Sabbat et lors des Fêtes solennelles.

Ces boîtes contiennent plusieurs prescriptions de la Loi. Des courroies les maintiennent au front et au bras gauche. Elle sont enroulées autour du bras, de la main et des doigts dans un style fixé universellement et propre au Juif.

At the beginning of each weekday, the observant Jew remembers the Biblical commandments on the phylacteries. He carefully attaches to his forehead, to his left arm—nearest his brain and his heart—and to his wrist two little boxes in which the scribe had copied meticulously the Bible's own formulation of the essence of the Divine Law.

Each of the boxes contains commandments prescribed by ancient law. Straps keep them on the forehead, twisted around the arm, the hand, and fingers in the universally ordained style that marks the Jew.

The scribe recorded on parchment, in the sacred letters, the ancient mystical marks, the sacred passages from the Five Books of Moses, each syllable and word written with intent and dedication, with the proper ablutions in pure and sacred waters, and with profound scholarship in the massoretic science dedicated to the superbly faithful transmission of the Holy Text. These Sacred Scrolls are read in public, reverently, on Sabbaths and on solemn festivals.

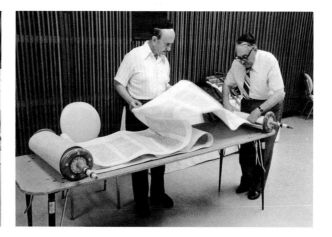

La vérification du texte de la Loi de Moïse est une préoccupation de tous les instants pour les hommes de la synagogue. La révision des rouleaux, des phylactères et des mezuzoth (textes apposés à l'entrée des demeures) est la garantie du caractère kascher de la maison ou de la synagogue. La rédaction de ces documents est assujettie à des règles très strictes.

The meticulous proofreading of the scroll of the Laws of Moses is a constant concern of the men of the synagogue. The work of the scribe—the literature of the Talmud is the basic text of his instruction—is backed by hundreds of volumes of traditions. Regular revision of scrolls, phylacteries, and doorpost documents (mezuzoth) are the guarantees of a kosher home and synagogue.

Membre du rabbinat québécois depuis 1942, le rabbin Pinchas Hirschprung est universellement reconnu pour son érudition. Il a le souvenir visuel des milliers de pages de la tradition talmudique et de la littérature polonaise qu'il a lues dans son enfance.

Rabbi Pinchas Hirschprung one of Quebec's rabbis since 1942, has a photographic memory of the thousands of pages of Talmudic lore and the Polish literature he read as a child. He is appreciated universally in the world of Jewish learning.

Une institution clé du quartier juif: le petit fournisseur du coin en volaille kascher

❧

The kosher chicken dealer: an institution

Le pain et la foi

La religion embrasse le sacrifice et la sainteté, la nourriture et la foi, le pain sacré de la communion et la viande kascher, les offrandes du temple et la pureté de ce qui entre par la bouche.

Ici c'est l'architecture des églises, l'autorité du prêtre, le soin de l'Hostie; là, la Pâque juive qui exclut le pain fermenté, le *chometz*; la consigne de ne pas «faire cuire le chevreau dans le lait de sa mère» (Ex 23,19) pour éviter une brutalité inutile.

Les Juifs observent les lois qui restreignent la violence aveugle et règlent l'immolation des animaux pour s'en nourrir, la maintenant dans le cadre de l'usage sanctionné par la tradition. Seul l'homme ordonné et animé des plus hautes dispositions peut tuer un poulet ou un bœuf. Ces coutumes juives sont à la base de la pratique culinaire et incombent à la partie douce et féminine de la famille à laquelle reviennent également le gouvernement de la maisonnée, l'éducation des enfants et la gérance de la table.

Telles sont également les racines sacrées des boucheries kascher et de la séparation des produits laitiers d'avec la coutellerie et les plats qui servent à la viande; de la vaisselle pour la Pâque et le *matzoh*. Telle est l'explication des études des rabbins, de la formation des immolateurs attentionnés de poulets et des inspecteurs qui apposent la marque bilingue de leur autorisation M. K. (Montréal kascher) sur l'étiquette des produits alimentaires.

De toutes les institutions du vieux judaïsme, le *Shokhet* (immolateur), autorisé par l'autorité incontestée de la Kabbale, compte depuis des millénaires parmi les personnages les plus respectés pour sa minutie et son savoir, sa probité et sa piété; autant de garanties pour les communautés juives qu'elles ne mangeront rien qui ne soit spécifiquement permis.

À la base du système, il y a la confiance des clients et des clientes dans ces hommes versés

Faith and Food

Religion binds sacrifice and sanctity, food and faith, the Sacred Bread of the Communion and kosher meat, the temple offerings with cleanliness that enter the mouth.

This is church architecture, the authority of priesthood, the care of the Host, the Jewish Seder ceremony which excludes *chometz*, fermented bread; the ban on mingling at table the slaughtered calf and its mother's milk, heedless brutality. The laws that keep legitimate wines from the libations of heathen idolatry are fundamental in preserving sanctity from profanity. Only a man of known probity, humanity, and learning may kill a chicken or a heifer. These Jewish customs also govern culinary practice, which is the domain of the gentle, the humane, the feminine, who govern the household and the education of the children.

These are the sacred roots of kosher butcher shops, and of the separation of dairy and meat cutlery and dishes; of Passover plates, of matzoh. They explain the studies of rabbis, the training of gentle killers of meat, and the inspectors who put their stamp of bilingual approval, MK (Montreal Kosher), on permitted foods.

At the foundation is a system of confidence in men learned in all law whom women shoppers trust as they order their weekend food on Thursday night and on the eve of festivals.

Of all the human institutions in old Judaism, the *Shochet*, authorized by the prized certificate called *Kaballah*, was for thousands of years among the highly respected for his humanism and scruples and for his learning, probity, and piety which ensured that communities would not inadvertently consume a bite not specifically permitted. The sacred literature governing the forbidden and the permitted, the methods of *Shechitah*, and inspection is vast and widespread, and the Hebraic learning of many *Shochtim* traditionally ranged far

Le geste rituel du Shokhet

✦

The ritual of the Shochet

dans les lois juives, lorsqu'ils font leurs provisions du jeudi soir et des vigiles de fêtes.

La littérature sacrée traitant du licite et de l'illicite, des méthodes du *Shekhitah* et de l'inspection de la nourriture est vaste et très répandue, mais le savoir de maints *Shokhtim* déborde le champ de leur spécialité, jusque dans celui des scribes et des rabbins.

beyond their sacred speciality, into the scribal field, rabbinics, and civil arbitration.

This trust extended to the vendors of kosher meat, to the inspectors of the sites slaughter, delivery men, and so on. "You see this beard? There is not a hair in it that is not prepared for martyrdom for the sake of kashruth," as the great Montreal Yiddish-Hebrew prose writer Jacob Zipper quoted Reb Poitche the Trusted One in the closing chapter of *Between Waters and Lakes* (Montreal, 1961).

Après chaque repas, à la table du bibliothécaire Ronald Feingold, on récite une longue prière solennelle.

✦

A lengthy grace prayer is said after each meal at the table of Ronald Feingold, librarian.

70

La *synagogue* Shaar Hashomayim   *The Shaar Hashomayim Congregation*

Première synagogue de rite ashkénaze à Montréal, *Shaar Hashomayim,* s'honore d'une charte qui date de 1846. D'abord appelée la Congrégation des Juifs polonais, allemands et anglais, elle doit sa fondation à l'initiative des Juifs espagnols et portugais qui voulaient éloigner de leur propre synagogue espagnole et portugaise, de rite sépharade, les Ashkénazes venus d'Europe centrale et de l'Est.

Shaar Hashomayim devint l'institution religieuse la plus active du pays. Ses membres, souvent de tradition lituanienne, prirent charge du service à la communauté, de l'enseignement religieux et des affaires. Ils sont devenus influents au sein de l'Institut Baron-de-Hirsch qui devait apporter des solutions aux problèmes créés par l'immigration grandissante en provenance de l'Europe de l'Est.

Sous la direction des familles Cohen, Vineberg et Jacob, la synagogue s'est identifiée à la communauté juive de Westmount, les «Uptown Jews» de Montréal qui ont présidé aux destinées de la Communauté juive montréalaise, notamment sous le leadership spirituel du rabbin Herman Abramowitz, et ce jusqu'au milieu des années trente, lorsque la démocratie a prévalu dans la Communauté.

The charter of the Shaar Hashomayim Synagogue, the first Ashkenazi place of worship in Montreal, is dated 1846. Its first name was the Congregation of Polish, German and English Jews. It was organized on the initiative of Spanish and Portuguese Jews, who wanted to keep the Ashkenazi, who were migrating from central and eastern Europe, out of their own Sephardic service at the, Spanish and Portugese Synagogue.

It quickly became the most active religious institution in the country. Its members, many from Lithuania, took the leadership in communal service, in religious learning and in business. They became dominant in the Baron de Hirsch Institute, which served the growing immigration from Eastern Europe. Led by such families as the Cohens, the Vinebergs, and the Jacobs, their synagogue became synomynous with Westmount, the "Uptown" of Montreal Jewry which governed the Jewish community, notably under the spiritual leadership of Rabbi Herman Abramowitz, until the mid-1930s, when democracy asserted itself in the community.

La vie religieuse de la communauté   *Today's religious life*

Une fête d'enfants à l'occasion de Hanouka, *la fête des chandelles, commémorant la victoire des Maccabées il y a quelque 2500 ans.*

A children's party commemorating Chanukah, the victory of the Maccabeans 2500 years ago.

Le cantor *séfarade Daniel Benlolo à la prière du matin, dans la Synagogue espagnole et portugaise*

Cantor Daniel Benlolo. Morning prayer at the Spanish and Portuguese Synagogue.

Succoth, *festival des moissons. Les Juifs vont de porte en porte et à la synagogue, un citron et un faisceau de brindilles à la main, symbole de l'unité de tous les Hommes.*

During the Succoth harvest festivals Jews carry a citrus fruit and a bundle of twigs from door to door and to the synagogue to symbolize the unity of mankind.

La fête de Pourim. *Comme pour les Québécois à l'Halloween ou au Mardi Gras, cette coutume montréalaise veut que les enfants juifs revêtent les costumes les plus fantaisistes.*

In Montreal it has become customary for children to dress up for the winter Purim Festival.

La Fête des moissons en Israël est célébrée dans le monde entier. Dans les familles juives, à Montréal comme à New York ou Paris, on élève ces fragiles constructions, les «tentes», à l'arrière de la maison.

To commemorate the harvest in the land of Israel, Jews erect flimsy "tents" wherever they live, even in the heart of metropolitan New York or Montreal, for the Succoth festival.

Le décor d'aujourd'hui

La transhumance urbaine

L'histoire des pierres urbaines a toujours été marquée par une extrême mobilité. Plus que les autres groupes, familles et institutions, les communautés juives se sont constamment déplacées dans le Nouveau Monde.

La communauté juive de Montréal a remonté, comme une marée, le boulevard Saint-Laurent, pour gagner le chemin de la Côte-Sainte-Catherine, puis l'ouest et le nord du boulevard Décarie.

Today's Landscape

Urban Migration

Rapid mobility always marked the history of the urban stones. Peoples, societies, and institutions—and Jewish communities more than others—are on the move in the New World.

Montreal Jewry flowed like a swift-running river along the St. Lawrence River, along the Main, up Côte-Sainte-Catherine, along Decarie Boulevard, and westward.

Magasin Shiller, boulevard Saint-Laurent

Shiller's Dry Goods, St. Lawrence Boulevard

Une des célèbres boulangeries dont les bagels font la gloire de Montréal auprès de toutes les communautés juives du Canada. Les bagels sont devenus un élément nouveau du petit déjeuner en Amérique du Nord. On les sert aussi comme hors-d'œuvre.

Bagel are one of the authentic Jewish foods, deep in Yiddish folklore. The genuine bagel has caught on with North Americans; with cream cheese and smoked salmon it is served at lunch, and as an hors d'œuvre.

Depuis les origines du quartier, la population de Snowdon accuse une forte proportion juive, avec une touche à la fois francophone et israélite marquée. La boucherie kascher, Le Shalom, est flanquée d'un petit restaurant qui propose des mets relevés d'épices arabes.

The Snowdon district, was originally largely Jewish, with distinctive Francophone and Israeli touches. The Kosher Boucherie Le Shalom is located next to a restaurant offering meat dishes with Arabic spices.

La fameuse librairie fondée par le rabbin Rodal. On y trouve une sélection d'ouvrages et divers objets destinés aux maisons juives. C'est surtout l'accueil chaleureux, à la manière hassidique, qui rappellent les vieilles librairies et certaines boutiques où l'on flânait, à l'époque des grandes migrations du siècle dernier, comme chez Hershman ou Lazarus.

The famed bookstore founded by Rabbi Rodal, offering a selection of reading matter and objects to grace a Jewish home, in its own Chassidic welcoming style, typical of the bookstores that sprang up in the early years of mass migration a century ago, like Hershmans' and Lazarus's.

La rue Fleet, à Hampstead, et ses somptueuses maisons d'après-guerre où logent les fils des immigrants juifs. Malgré un épisode de discrimination contre les écoliers juifs, qui a retardé un moment l'épanouissement de la communauté juive, l'histoire municipale de Hampstead a été marquée par le progrès et par la paix sociale.

On Fleet Street, in Hampstead, are the sumptuous postwar homes of the children of immigrants. Despite Hampstead's early discrimination against Jewish schoolchildren, the history of the town was marked by progress and social peace.

La mariée se hâte vers la synagogue Young Israel.
«Bénis soient ceux qui entrent».

The bride hurries into the Young Israel synagogue.
"Blessed are those who enter"

LE RÉSEAU DES INSTITUTIONS CULTURELLES ET SOCIALES

Chaque décennie parle un nouveau langage, hébreu, yiddish, anglais, français, énoncent des idées nouvelles — sermons, affaires, charité, littérature, sports, femmes, révolution sociale, architecture même — tout parle de tout sur la pierre, toujours dans les termes les plus contemporains. Montréal est l'un des exemples les plus éloquents de ce discours social, aime rappeler l'architecte et philanthrope Phyllis Lambert.

Il y a un demi-siècle, des hommes d'affaires montréalais, ayant à leur tête Samuel et Allan Bronfman, ont érigé un des ensembles communautaires les mieux dessinés et les plus réussis dont s'est jamais dotée une communauté juive ailleurs dans le monde.

Le coup d'envoi de cette initiative a été l'Hôpital Général juif, en 1934, loin à l'ouest du vieux quartier des immigrants, plutôt qu'à l'extrémité est de la ville, comme le proposait les philanthropes du Hospital of Hope, rue Sherbrooke est. Il a été suivi du mouvement migratoire vers l'ouest, après la guerre, avec l'installation du Young Men's–Young Women's Hebrew Association, la Congrégation espagnole et portugaise, l'École unie Talmud Torah, l'École secondaire Herzeliah, le Centre Saidye-Bronfman, les Écoles juives populaires et I. L. Peretz, les Hassidiques et les Services communautaires juifs unifiés. Chaque institution est la réalisation d'un rêve, d'un dessein humanitaire, d'une philosophie, d'une histoire, d'une équipe. En somme, d'une phase de la vie québécoise dans ce qu'elle a de meilleur.

Une institution unique au monde: le Congrès juif canadien

Montréal, capitale de la Communauté juive au Canada, est le siège de son «parlement» national.

THE NETWORK OF SOCIAL AND CULTURAL INSTITUTIONS

Each decade brings new languages and new thought — Hebrew, Yiddish, English, French, sermon, business, charity, literature, athletics, feminism, social revolution, even architecture — recorded in stone, always in the most purely contemporary terms. According to Phyllis Lambert, Montreal is one of the most eloquent examples of this social linguistic dialogue.

Half a century ago, a group of businessmen led by Samuel and Allan Bronfman built one of the most successful urban Jewish community coalitions in the world. The issue, in 1934, was where to situate the Jewish General Hospital: in the west end of the city, far from the immigrant neighbourhood, or in the far east end, as was proposed by the philanthropists of the Hospital of Hope. In fact, the Jewish community had been migrating westward, as evidenced by the location of the movement of the population, exemplified by the Young Men's–Young Women's Hebrew Association, the Spanish and Portuguese Congregation, the United Talmud Torah School, Herzeliah High School, the Saidye Bronfman Centre, the Jewish Public Library, the Golden Age Centre, the Harry Bronfman Centre, the Jewish People's and I.L. Peretz schools, and the Allied Jewish Community Services. Each institution was the realization of a distinct humanist conception, a dream, a social ideal, a philosophy, a history, a team. This was Quebec life at its best.

A Unique Institution: The Canadian Jewish Congress

Montreal, the capital of Jewry in Canada, is the seat of the national community's "parliament." Canada is the only country in the world where, in 1919, Jews established a

Le Canada est le seul pays au monde où les Juifs ont établi librement, en 1919, un organisme démocratique représentatif à l'échelle nationale pour intervenir en tant que porte-parole et traiter de toutes les questions relatives à ses membres, d'un océan à l'autre.

Depuis cette date se sont succédé à la tête du Congrès des hommes et des femmes remarquables, dont Lyon Cohen, H. M. Caiserman, M. Garber, S. W. Jacobs, Samuel Bronfman, Irwin Cotler, jusqu'à des activistes de talent, qui ont guidé la communauté à travers les guerres et les crises comme aux périodes de croissance pacifique. Ces personnalités ont contribué à faire du Congrès un agent majeur d'éducation culturelle et civique pour chacune des régions qu'il dessert, dans le sillage de la tradition juive universelle.

Chaque année, ses délégués révisent le mandat du Congrès dans ses divers champs d'activités: éducation, culture, archives, religion, relations avec les autres communautés juives et avec les divers paliers de gouvernement, immigration, droits humains, défense de la communauté, survivance d'Israël, avancement du yiddish, protection des Juifs dans le monde, prévention de l'assimilation, promotion des institutions juives, défense contre l'antisémitisme, sans compter les problèmes à résoudre quotidiennement.

C'est un réseau d'organismes touchant les 300 000 Juifs du Canada, sur le triple plan national, régional et local, et dont les bureaux sont situés dans les principales villes canadiennes. Le Congrès est présidé au national par l'historien Irving Abella, alors que le directeur exécutif national, Jack Silverstone, assure la coordination du personnel depuis la Maison Samuel-Bronfman, avenue Dr Penfield à Montréal.

Le Centre communautaire juif, le cœur de la communauté de Montréal

Du haut du building situé à l'angle du Chemin de la Côte Sainte-Catherine et de la rue

democratic national organization to represent them on national and international issues.

For seventy years, a series of remarkable men and women—Reuben Brainin, Lyon Cohen, H.M. Caiserman, Samuel Bronfman, M. Garber, S.W. Jacobs, Saul Hayes, Irwin Cotler, and many talented activists across the nation—guided the community through wars, crises, and peaceable growth to become a major contributor to citizenship and to culture throughout Canada, with the dignity and spirit of the ancient worldwide Jewish tradition.

The mandate of the Canadian Jewish Congress, which is reviewed at its triennial conventions, includes education, culture, archives, religious developments, relations with other Jewish communities and governments in Canada, immigration, human rights, defence of the community, the continuity of Israel, the advancement of Yiddish, protection of Jewry the world over, prevention of assimilation, promotion of Jewish institutions, defence against anti-Semitism, and whatever other communal problems or issues arise day by day.

The Congress comprises a network of national, regional, and local organizations with offices in the major cities to serve the country's three hundred thousand Jews. With Professor Irving Abella as president and Jack Silverstone as national executive director, the Congress is based in the Samuel Bronfman House in the heart of Montreal.

The Heart of the Montreal Community: The Jewish Community Centre

From the roof of the building at the corner of Côte Ste. Catherine Road and Westbury Street, one look out over a neighbourhood in which are many of the institutions that form the heart of Jewish community life Montreal. To the east is in the secular-oriented Jewish People's-Peretz Schools, beyond it the Shomrim Laboker Synagogue, and facing it

Westbury, l'observateur découvre un quartier où se regroupent bon nombre des institutions qui forment le cœur de la vie communautaire juive de Montréal: à l'est, les écoles populaires juives Peretz; un peu plus loin la synagogue Shomrim Laboker avec, en face, le Centre hassidique Lubavitch et, à l'horizon, l'Hôpital Général juif. Tout à côté, on voit les résidences Bronfman pour personnes âgées et le Centre de l'âge d'or. En face, le Centre d'art et de théâtre Saidye-Bronfman et le Young Men's-Young Women's Hebrew Association (YM-YMHA) immédiatement derrière. Plus loin vers la gauche, de l'autre côté du parc, la Synagogue espagnole et portugaise, flanquée des écoles Talmud Torah Unie et Herzeliah. Chacun de ces organismes abritent un éventail d'institutions et d'activités.

L'édifice des Services communautaires juifs est vraiment le centre de la communauté. D'une hauteur de cinq étages, le Cummings Building réunit un grand nombre de services communautaires: le Combined Jewish Appeal ainsi que le Jewish Community Foundation qui a permis le financement de la communauté juive pour l'ensemble du Canada; le service aux personnes âgées et les services sociaux et familiaux associés au nom du baron de Hirsch; le Bureau d'orientation professionnelle; la Bibliothèque publique juive, le cœur de la culture juive au Québec et en Amérique; le Centre de ressources éducationnelles et le Conseil d'éducation juif qui dessert le réseau d'écoles juives du Québec; l'Association juive de colonisation qui voit à l'activité agricole juive au pays; la Fondation culturelle juive; la Société d'aide à l'immigration juive; le Service de renseignements juifs et un véritable annuaire téléphonique pour se retrouver dans cette petite ville. Il ne s'agit pas d'un mini-guide à l'usage du Gouvernement: c'est la description d'un judaïsme moderne avec ses diverses idéologies et aspirations. Chaque entrée est l'incarnation d'une pensée juive, un code de survie des plus hautes aspirations de la communauté, dans une forme et un style bien montréalais.

the Lubavitch Chassidic centre. Beside it are the Bronfman old-age homes, and facing them is the Golden Age Centre; in front is the Saidye Bronfman Centre for Art and Theatre, and adjoining it is the Young Men's–Young Women's Hebrew Association; across from them is the historic Spanish and Portuguese Synagogue, flanked by the United Talmud Torah School and Herzeliah High School. Each of these institutions harbours a host of activities.

The building from which one is looking out is, in fact, the hub: it the Allied Jewish Community Services, with its research and planning departments, a five-storey hive which is the heart of the community. Among the many other organizations within its walls are the Combined Jewish Appeal and the Jewish Community Foundation, which are the core of the financing of Canadian communal Jewry; the services for the elderly and for social work and family services, associated with the name of its founder, the Baron de Hirsch; the Vocational Guidance Bureau, which is concerned with economics and occupational issues; the Jewish Public Library, which is the heart of Quebec—and continental—Jewish culture; the Educational Resources Centre and the Jewish Educational Council, serving the Quebec Jewish school network; the Jewish Colonization Association, for Jewish farmers; the Jewish Immigrant Aid Society; the Jewish Information Service—enough to fill a small-town telephone directory.

This is not a guide to government ministries. It is a portrait of a modern Judaism, with its multitude of ideals and ideologies; each line is the incarnation of a Jewish philosophy, a code for survival of the highest aspirations, in Montreal style and form.

Le Centre communautaire juif, Chemin de la Côte-Sainte-Catherine

The Jewish Community Centre, on Côte St. Catherine Road

Le Centre de l'âge d'or Nathan & Maxwell Cummings offre chaque jour des cours et des services à des dizaines de personnes âgées.

The Nathan & Maxwell Cummings Golden Age Centre receives dozen of elderly even day who make use of its different courses and services.

Le Carré Harry-Bronfman offre des logements à prix modique. C'est une institution à gestion mixte, publique et privée, une des premières initiatives sociales du genre à Montréal.

Harry Bronfman Square, providing moderately priced housing, was one of the first social initiatives in Quebec to have mixed public and private financing.

Monument à une mère: le Centre Saidye-Bronfman

Nombreuses sont les familles reconnaissantes qui fêtent leurs vieilles mères. Mais quelle mère a pu recevoir un cadeau comparable à celui offert par la famille Bronfman à Saidye, l'épouse de Samuel et la mère de Phyllis, d'Edgar, de Charles et de Minda? Institution culturelle et artistique rattachée au YM-YWCA, le Centre Saidye-Bronfman fait face, chemin de la Côte-Sainte-Catherine, à la Bibliothèque publique juive.

Le Centre Saidye-Bronfman s'est révélé, au fil des ans, un des grands centres d'expositions d'art du Québec, l'interprète de la culture québécoise auprès de la population du West Island, le protecteur des arts, et des humbles chefs-d'œuvre des peintres du dimanche comme des productions nostalgiques du théâtre yiddish, le haut lieu de mille et une activités académiques, de débats publics et de discussions sur le théâtre moderne qui ont ébranlé le monde de la scène — sans pour autant cesser d'être une institution démocratique.

Monument to a Mother: The Saidye Bronfman Centre

Many families, prosperous and not, have held birthday parties to honour elderly mothers. But Saidye Bronfman, the wife of Samuel and the mother of Phyllis, Edgar, Charles, and Minda, received a gift such as few others have: a cultural and artistic centre—attached to the Young Mens-Young Women's Hebrew Association, across the street from the Jewish Public Library—for people of Montreal of all creeds and races. The Saidye Bronfman Centre is a public homage to a woman of epic femininity and morality.

Over the years, the Saidye Bronfman Centre has become a great art gallery, interpreter of Quebec culture to the West Island, patron of photography and of theatre, mentor of sophisticated art and of serious Sunday painters, home of the nostalgic Yiddish stage, site of academic programmes on a hundred themes, public debates, quarrels on the modern theatre—and ever a democratic institution in the people's control.

Sur les marches du Centre Saydie-Bronfman, l'œuvre du sculpteur montréalais Alan Averbuch

❧❧

On the stairs of the Saidye Bronfman Centre, the work of sculptor Alan Averbuch

L'entrée du Young Men's/Young Women's Hebrew Association de Montréal

❧❧

Entrance to the Young Men's/Young Women's Hebrew Association in Montreal

La municipalité de Côte-Saint-Luc, dont la population est en grande partie juive, érige chaque année devant la bibliothèque de la ville, le candélabre de Hanouka en mémoire de la victoire des Maccabées, il y a quelque 2500 ans.

The largely Jewish municipality of Côte-Saint-Luc put up a Chanukah ceremonial candelabra at City Hall to help celebrate the victory of the Maccabeans some twenty-five hundred years ago.

L'implication dans la vie publique québécoise

Les Juifs montréalais ont toujours été actifs dans les affaires publiques. Déjà, il y a 80 ans, Louis Fitch s'était levé lors d'une réunion d'avocats pour défendre le système d'éducation québécois contre les attaques des protestants et des sécularisants. Pendant sa jeunesse, il avait écrit un livre commémoratif sur Québec, sous son nom véritable: Feiczewich. Au temps de Maurice Duplessis, ce leader sioniste avait été élu député de l'Union nationale. C'était en 1938.

L'intérêt des Juifs de Montréal pour la politique municipale date des années vingt, avec Louis Rubinstein, un as du patinage de fantaisie, A. Blumental, un syndicaliste du Cercle des Travailleurs tout comme J. Schubert, un avant-gardiste comme Mike Buhays et un idéaliste, H. M. Caiserman, dont le manifeste municipal de 1916 pourrait encore inspirer les urbanistes québécois.

Après le long mandat de l'édile municipal Max Seigler, à la fin du règne de Jean Drapeau, une cohorte d'activistes politiques juifs, dont entre autres Michael Fainstat, A. Limonchik, S. Zeidel, Arnold Bennett, M. Rotrand, S. Boskey, s'est jointe à leurs collègues francophones du Grand Montréal. Dans les villes de banlieue, toute une génération de maires juifs a également fait sa marque: Samuel Moscovitch, Bernard Lang et I. Adessky, sans oublier Gerry Weiner de Dollard-des-Ormeaux qui est devenu secrétaire d'État et ministre du Multiculturalisme dans le cabinet Mulroney.

C'est en Gaspésie que s'est illustré l'ancêtre des chefs de file de la communauté juive dans la politique municipale. William Hyman, le premier maire juif de l'histoire du Canada, a présidé pendant des années aux destinées de Cap-des-Rosiers, jusqu'à son décès en 1882. Cette participation juive n'aurait pas été

Involvement in Quebec Public Life

Montreal Jews have been active in provincial affairs since Peter Bercovitch, notably when Zionist leader Louis Fitch dared to sit in the provincial legislature at the side of Maurice Duplessis. Fitch's attachment to Quebec conservatism was strong; eighty years ago, he rose to defend the traditional French Catholic educational system against attacks by Protestants and proponents of a secular system. As a youth, he wrote a commemorative book on Quebec, under the name he was born to, Feiczewich.

On the municipal level, the first Jewish politicians were Louis Rubinstein, hero of figure skating; A. Blumenthal; unionists of the Workmen's Circle such as J. Schubert; early radicals such as the Buhays; and the idealist H.M. Caiserman, whose municipal "Republic" campaign manifesto of 1916 still inspires the dreams and plans of Quebec urbanists.

Following the long tenure of alderman Max Seigler, with the fading of Jean Drapeau, a new school of Jewish political activists, such as Michael Fainstat, A. Limonchik, Arnold Bennett, M. Rotrand, S. Boskey, the Chassid S. Zeidel, and others joined Francophone colleagues in municipal government in Montreal. As Jews moved to the suburbs, they elected distinguished mayors such as Samuel Moscovitch, Bernard Lang, and I. Adessky. Gerry Weiner, once major of Dollard-des-Ormeaux, was elected to the federal government and was named to the Conservative cabinet as minister of multicultural affairs.

French Canadians are sometimes criticized for their anti-Semitism. Here is how William Tetley, once a minister in the Quebec Liberal government, responded to such charges in *La Presse* of 27 February 1992:

Dans les villes de banlieues, toute une génération de maires juifs a fait sa marque.

In Montreal suburbs, a generation of Jewish mayors is serving Quebec communities. Bernard Lang, mayor of Côte-Saint-Luc, presided over the dedication of the city's arena to the memory of his predecessor in office, Samuel Moskovitch.

possible sans la tradition d'ouverture et de coopération de la classe politique francophone elle-même.

On a parfois pointé du doigt les Québécois français pour leur antisémitisme. Voici comment un ancien ministre libéral du Québec, William Tetley, répondait à ce genre d'accusation dans *La Presse* du 27 février 1992 :

> Est-ce que de telles critiques sont fondées ? N'est-ce pas plutôt certains anglo-québécois de l'«Establishment» qui voulaient exclure les Juifs de l'Université McGill, des clubs privés, des études juridiques, etc.? N'est-ce pas plutôt l'Université de Montréal (qui n'avait aucun régime de «contingentement») qui admettait les Juifs? En 1973, la Commission des Écoles protestantes du Grand-Montréal s'est présentée devant l'Assemblée nationale à Québec pour s'opposer à l'octroi aux Juifs du droit de vote lors de l'élection des commissaires d'école protestants. C'est la majorité canadienne-française à l'Assemblée nationale qui a conféré ce droit aux membres de la communauté juive.

Are these criticisms founded? Is it not, rather, some English Quebecers who excluded Jews from McGill University, from private clubs, from law school, and so on? Is it not, rather, the Université de Montréal (which had no quota system) that admitted Jews? In 1973, the Protestant School Board of Greater Montreal appeared before the National Assembly in Quebec City to oppose the granting of the right for Jews to vote in school commission elections. It was the French-Canadian majority in the National Assembly that granted this right to members of the Jewish community.

Herbert Marx

Issu du milieu des affaires de la société immigrante anglophone, il a finalement opté, au début de la trentaine, pour le monde de l'éducation, du droit et de la politique. Après avoir étudié la littérature anglaise et le droit constitutionnel et enseigné à la faculté de droit de l'Université de Montréal, il est entré en politique en 1979 comme député de D'Arcy-McGee.

Son entrée dans l'arène provinciale reflète un changement majeur dans l'attitude de la communauté juive, ici au Québec comme dans l'ensemble du pays. Plusieurs leaders juifs se sont tournés vers leur milieu immédiat, le gouvernement du Québec et même les administrations municipales. Comme l'indiquait encore l'ancien ministre libéral William Tetley: «Quelle autre province peut se vanter d'avoir

Mr. Justice Herbert Marx, a veteran of Quebec government affairs, is representative of the experience of Montreal Jews in service to the country, and their roots in its history.

Born into the Anglophone immigrant business society, he decided in the 1930s to enter into the educational, legal, and political world of Francophone Quebec. He studied constitutional law and joined the faculty of the Université de Montreal, then was elected provincial member of the National Assembly for D'Arcy-McGee in 1979. More recently, he was named to the bench. His entry into the provincial arena reflects a major political change in the Jewish community, and in the country as a whole: concern turned from the federal arena to the provincial, and even the municipal sphere.

confié les charges de juge en chef de la Cour supérieure (Alan B. Gold), de juge en chef intérimaire de la Cour d'appel (Fred Kaufman) et de ministre de la Justice (Herbert Marx) à trois de ses concitoyens d'origine juive? »

In 1992, William Tetley also noted that the positions of chief justice of the Superior Court (Alan B. Gold), interim chief justice of the Court of Appeal (Fred Kaufman), and Minister of Justice (Herbert Marx) had been entrusted to Jewish citizens.

Victor Goldbloom

Victor Goldbloom appartient à une famille bien connue dans les Rocheuses et les Prairies canadiennes. À Montréal, le Dr Alton Goldbloom a été un grand pédiatre dont le manuel français sur le soin des jeunes enfants a été fort populaire, de même que ses mémoires, *Little Patients*.

Son fils Victor a œuvré avec succès comme pédiatre, mais au milieu des années soixante, il a opté pour la vie publique. Élu député de D'Arcy-McGee en 1966, il a été nommé

Marx's notable career in the civil service and in government folows in the steps of his predecessor, Dr. Victor Goldbloom, the first Jew to sit in the provincial cabinet. Like Marx, Goldbloom's career in Quebec government has marked the history of the province.

The Goldbloom family has been notable in Jewish communities in western Canada for a century. Dr. Alton Goldbloom was a pediatrician in Montreal whose French-language handbooks on the care of little children were

successivement à divers ministères importants. C'est ainsi qu'il a eu la responsabilité, entre autres, de la tenue des Jeux olympiques de 1976. Il a d'ailleurs été le premier Juif à entrer dans un cabinet à Québec.

Plus récemment, il a présidé un mouvement œcuménique d'envergure mondiale, le Conseil canadien des chrétiens et des juifs, tout en continuant de servir le gouvernement à divers titres. Il exerce depuis 1991 les fonctions de Commissaire aux langues officielles du Canada.

Alan B. Gold

Son père avait fui l'armée du tsar, en 1915, parce que les Juifs allaient être déplacés des régions frontalières. Il s'était retrouvé, jeune homme, dans les Cantons de l'Est, parcourant les campagnes comme colporteur. Mais il devait bientôt faire sa marque à Montréal, dans l'industrie du vêtement. Il compte parmi les fondateurs de la bibliothèque juive. Quant à Alan, il est né rue Saint-Dominique, dans un secteur de Montréal où se côtoyaient Juifs et Canadiens français.

> La famille a déménagé du sud au nord et du nord au sud, au gré des naissances de mes frères et sœurs: rues Hôtel de Ville, Châteaubriand, Saint-Denis. Sur Saint-Denis, notre maison était voisine de l'église. Chaque matin, la bonne — elle s'appelait Rose — nous amenait à la messe, mon frère et moi. C'était sa façon de nous surveiller, en attendant le réveil des parents. Je revois encore le curé me posant la main sur la tête et déclarant: «Ça, c'est du bon petit monde!» Comme beaucoup d'enfants juifs de l'époque, je parlais yiddish à la maison, anglais à l'école et français dans la rue.
>
> En 1929, mon père décida de s'établir dans un quartier plus huppé, rue Jeanne-Mance, non loin de la famille de Mordecai Richler. Le quartier était juif et anglophone, mais j'ai pu garder mon français, car nous passions l'été à Belisle's Mill (aujourd'hui Val David) dans les Laurentides. Bien sûr, nos voisins

long popular, as is his autobiographical memoir, *Little Patients*.

His son Victor was also a successful pediatrician, but in the mid-1960s he felt that he could serve Quebec better in the public service. Elected in D'Arcy-McGee in 1966, he was welcomed into government and named to several sensitive ministries in succession. Of these, the responsibility for the Olympic Games was probably the most spectacular.

In recent years he has been heading a world-scale ecumenical movement, the Council of Christians and Jews, even as he continues to serve the government in a variety of important posts, not least on the environment. He has recently been appointed the federal Commissionner of Official Languages.

Alan B. Gold

Alan Gold's father deserted from the czar's army in 1915, because Jews were to be sent to the front. He ended up travelling the countryside of Quebec's Eastern Townships working as a door-to-door salesman. He soon made his mark in the clothing industry in Montreal and was one of the founders of the Jewish Public Library. Alan was born on Saint-Dominique Street, in a neighbourhood where Jews and French Canadians lived side-by-side.

> The family moved north and then south again as my brothers and sisters were born: Hôtel-de-Ville, Chateaubriand, Saint-Denis. On Saint-Denis, we lived beside a church. Every morning, the maid—her name was Rose—took my brother and me to mass. It was her way of keeping an eye on us until our parents woke up. I can still see the priest putting his hand on my head and saying, "What a nice little boy!" Like many Jewish children at the time, I spoke Yiddish at home, English at school, and French in the street.
>
> In 1929, my father decided that we should move to a better neighbourhood, Jeanne-

étaient francophones: les Belisle, les Brise-bois, les Ménard...

Après mon baccalauréat à l'Université Queen's de Kingston, j'ai décidé de m'ins-crire en droit. J'avais 21 ans. À McGill, le nombre des inscriptions pour les Juifs était contingenté. Je me suis donc adressé à l'Uni-versité de Montréal, malgré mes hésitations à cause de la langue — de fait, j'ai dû écrire mes examens en anglais, la première année. J'y été reçu comme un roi et je me suis fait des amis pour la vie dont Jean-Jacques Bertrand, Jean Drapeau.

À partir de cette époque, ma vie a été inextri-cablement liée au milieu francophone. Deux exemples: dès 1951, on m'a élu président de l'Association du Jeune Barreau de Montréal et, récemment, président du Conseil de l'Ordre national du Québec. Au point que ma fille Nora m'a demandé un jour: «Dis, papa, est-ce vrai que nous sommes des Juifs canadiens-français?»

Mance Street, not far from Mordecai Richler's family. It was a Jewish and English neighbourhood, but I kept up my French since we spent summers at Belisle's Mill (today Val David) in the Laurentians. Of course, our neigbours were French: the Belisles, the Brisebois, the Ménards, and so on.

After taking my bachelor's degree at Queen's University, in Kingston, I decided to go to law school. I was twenty-one. At McGill, there was a registration quota for Jews. So I went to the Université de Montréal, in spite of my hesitation over language. In fact, I had to write my exams in English the first year. I was treated like a king, and I made some friends for life, among them Jean-Jacques Bertrand and Jean Drapeau.

From this time on, my life was inextricably entwined with the Francophone milieu. Two examples: in 1951, I was elected president of the Young Lawyers' Association of Mont-real; recently I became president of the Quebec Bar Council. It reached the point when, one day, my daughter Nora asked me, "Papa, is it true that we are French-Canadians Jews?"

Judge Gold's career was crowned by im-portant non-judicial assignments from the prime minister of Canada, such as mediating a postal strike and getting involved with the complex Oka crisis, in the summer of 1990. "[When] the Canadian nation required the balanced service of a wise man of talent and humanism," one observer commented, "it called for Justice Gold to establish intellectual and strategic relations with the militant Indi-ans to solve the centuries-old problem peace-ably."

Harold Nathan Segall

Nathan Segall avait deux ans lorsqu'il a débarqué, dans les bras de sa mère, au port de Québec. C'était en 1900. Dans les années quatre-vingt, il a publié un livre de 525 pages présentant ses collègues d'hier et d'aujourd'hui: *Pioneers of Cardiology in Canada, 1820-1970*.

L'histoire de la migration des Segall est classique. Originaire de Roumanie, la famille s'établit à Montréal dans le quartier juif, à l'est de Saint-Laurent. Arrivé en éclaireur deux ans plus tôt, le père, ex-comptable d'un domaine seigneurial, a d'abord travaillé comme pressier chez J. Kellert Clothing Co.

À quatre ans, le petit Nathan (Nate pour les intimes et Anatole pour les francophones), a eu un ami, Antoine, un voisin doté d'une parenté innombrable et d'une chambre remplie de jouets. «Mon père n'aurait même pas eu l'idée de m'acheter des jouets. Je m'amusais avec un marteau et des clous trouvés dans les cendres du poêle.»

Nate parlait yiddish à la maison et français dans la rue. Quant à l'anglais, il l'a appris à l'école Dufferin, rue Saint-Urbain. Après ses études de médecine à McGill, il obtint des bourses qui lui permirent d'aller se spécialiser en cardiologie à Boston, Londres, Vienne et Paris. À son retour à Montréal — il avait 28 ans — il était le premier médecin juif au Canada à avoir compléter six ans de spécialisation dans ce domaine.

> À l'époque, il n'y avait pas de communication, à Montréal, entre francophones et anglophones, pas plus qu'entre spécialistes, d'un hôpital à l'autre. En 1946, j'ai lancé l'idée de la Société de cardiologie de Montréal pour regrouper les spécialistes du cœur des divers hôpitaux. J'ai invité personnellement à la réunion de fondation les collègues canadiens-français que je connaissais: de Guise, Lefebvre, Marion, Garneau. À une réunion de la Société, en 1949, j'ai remarqué

In 1900, at the age of two, Nathan was led by his mother down the gangplank at Quebec City as the family arrived from Romania.

His playmate on Cadieux (now de Bullion) Street was Antoine, rich in relatives and therefore in toys, which were rare in the Segall home. In the ninety years since then, he has become a humanist, cardiologist, historian and a power for social harmony in Canada.

Segall learned English at Dufferin School, superimposed on the Yiddish he spoke at home and the French he spoke with Antoine and his friends. He would walk home with his friend and classmate Otto Klineberg—now the dean of anthropological psychology at Cornell University—speaking French on the way.

When he graduated from McGill, scholarships enabled Segall to specialize in heart disease research in Boston, London, Vienna, and Paris; when he returned to Montreal, he was twenty-eight and had six years of specialization in cardiology. Finding the professions separated by walls between hospitals and languages, he formed the polyglot Montreal Cardiology Society, where he met young Dr. Paul David, son of provincial secretary Athanase David. Segall encouraged David to found the now world-famous Institut de cardiologie de Montreal.

Dr. David presided when Dr. Segall's *Pioneers of Cardiology in Canada, 1820–1970* was launched—the crowning achievement of Segall's writings. On this occasion, the Institut announced two scholarships of $650,000 bearing the names of Paul David and Harold N. Segall. Thus, these two pioneers, whose dedication to research changed the life of thousands of Québecers, are associated in the memory of both communities.

le Dr Paul David, fils de l'ex-secrétaire provincial Athanase David. C'était un jeune plein de promesses et j'ai tenu à ce qu'il devienne secrétaire de la société. Quelques années plus tard, il est venu me voir dans des circonstances difficiles et je l'ai encouragé fortement à fonder son propre institut qui est devenu l'Institut de cardiologie de Montréal.

En 1990, l'Institut de Cardiologie lançait une campagne de financement de 10 millions. Au nombre des projets, on remarquait la création de deux bourses de 650 000$ pour la formation de jeunes chercheurs: la Bourse Paul David et la Bourse Harold N. Segall.

Naïm Kattan

Il y a près de 40 ans arrivaient à Montréal, du bassin méditerranéen, les premiers juifs francophones. Ils constituaient un élément nouveau pour la Communauté juive québécoise et le Québec. Un des premiers arrivants fut un Juif irakien de Bagdad, Naïm Kattan, presqu'un autre Abraham, fondateur d'une nouvelle communauté francophone.

Le jeune homme apportait avec lui la sagesse hébraïque, musulmane et arabe, enrichie de son expérience parisienne, une sagesse prête à être transplantée dans le terreau du Québec.

Au départ, il avait assumé, au Congrès juif canadien, la direction du Cercle juif de langue française, la première institution juive francophone au Québec. De là, il établit des contacts qui l'ont conduit du journal *Le Devoir* à Montréal au Conseil des Arts à Ottawa.

Nearly forty years ago, the first Francophone Jews, from the Mediterranean basin, arrived in Quebec. Among the first was an Iraqi Jew, Naïm Kattan from Baghdad, almost a model Abraham, the founder of a new Francophone community.

This young man brought with him, collected from across deserts and seas, the seeds of Hebraic, Islamic and Arabic wisdom, enriched with Parisian experience, ready for planting in French Canada and Montreal Judaism. Initially he joined the Canadian Jewish Congress to direct the young Cercle juif de la langue française, the first Jewish Francophone institution. From that base he developed valuable Jewish Québécois connections which led him to *Le Devoir* and then to a long career at Canada Council.

La riche collection de ses écrits, la première contribution juive de cette importance au Québec, constitue un trésor littéraire comprenant des décennies de critiques littéraires dans *Le Devoir*, des œuvres de fiction ou autobiographiques, ou d'introduction à l'histoire, à la religion et à la philosophie.

His writings, the first by a Jewish Québécois, comprises a polychrome treasury of literature, including criticism, often dealing with African and Asiatic literature, disguised fiction, open autobiography, intercultural interpretation, and guides to world history, religion, and philosophy.

Chavah Rosenfarb

Chavah Rosenfarb est l'une des grandes poétesses de la littérature yiddish canadienne. Son histoire commence avec son père :

> Nous nous aimions beaucoup dans la famille et mon père était la source de notre amour. Nous étions très pauvres. Nous vivions à Lodz, une cité-ouvrière de Pologne. Mais nous étions heureux. On m'a envoyé dans une école primaire qui coûtait cher. J'étais la seule fillette pauvre de l'école. J'ai donné des

Chavah Rosenfarb is one of the important Canadian Yiddish writers. Her story begins with her father, a waiter whom she immortalized early in a ballad.

> We had a very loving family and my father was the source of that love. We were very poor and lived in Lodz, a proletarian city in Poland. But we were happy. My parents sent me to an expensive primary school. I was the only poor girl in the school. I gave tutorials

leçons de tutorat pour aider à payer mes études. Il n'était pas question pour moi d'aller à l'école secondaire.

J'ai commencé à écrire à l'âge de huit ans. J'ai vécu quatre ans dans le ghetto de Lodz et j'ai connu plusieurs écrivains. C'est là que j'ai reçu mon éducation. J'ai beaucoup écrit, mais quand nous avons été amenés à Auschwitz, tout a été brûlé. J'ai fait amitié avec un officier allemand et il m'a donné un crayon. J'ai écrit des poèmes sur les murs, sur des bouts de papier, mais tout a été détruit aussi. Après la guerre, je me suis souvenue de quelques-uns d'entre eux; j'en ai tiré mon premier livre.

Après la guerre, un amoureux des lettres juives de Montréal, H. Hershman lut ce livre et se mit à la recherche de son auteure pour l'amener ici, comme il l'avait fait pour une centaine d'autres orphelins après la Première guerre. Il en avait même adopté un.

Chavah devint un membre de la colonie des artistes survivants, au Québec, avec Melech Ravitch, Rachel Korn, Mordecai Husid, Yehudah Elberg, Dora Wasserman, Hertz Grosbard, Paul Trepman et Pearl Axelrod, dans l'Ouest canadien.

Son œuvre se range parmi les grandes créations de ces écrivains, alors que Montréal est redevenue un des pôles yiddish du monde juif.

Chavah se souvient de ces jours émouvants:

> Il y avait plusieurs écrivains yiddish ici après la guerre. Nous avons vécu une période très riche de notre culture. Plusieurs sont morts depuis et même nos enfants ne la connaissent pas très bien. Elle pourra connaître un renouveau chez les jeunes, mais pour eux, il ne s'agit que d'une langue seconde. Pour nous, c'était notre langue maternelle. La Bibliothèque publique juive fut un foyer pour les écrivains yiddish. La langue du travail et de la correspondance était le yiddish. Aujourd'hui, c'est l'anglais et bientôt ce sera le français.

to help pay the fees. There was no question of high school.

I began writing at the age of eight. I lived for four years in the Lodz ghetto, and I met many writers there. That's where I had my true Jewish education. I wrote much, but when we were taken to Auschwitz everything was burned. I made friends with a German officer, who gave me a pencil. I wrote poems on the walls, on scraps of paper, but they too were destroyed. After the war I remembered some of them; that became my first book.

A Montreal lover of Yiddish letters, H. Hershman, read this work after the war and searched out the poetess to bring her to Montreal, as he had brought a hundred other orphans to Canada after the First World War, one of whom he had adopted. Chavah became a member of the survivor artists' colony in Quebec, along with Melech Ravitch, Rachel Korn, Mordecai Husid, Yehudah Elberg, and Dora Wasserman, Hertz Grosbard, Paul Trepman, and Pearl Axelrod. They created a fresh Jewish culture in this peaceful country, out of the ashes and memories which they had brought with them from scarred Europe.

Rosenfarb's prose and dramatic works rank high in the literature created in the Yiddish Mecca that is Montreal.

Yehudah Elberg

Aujourd'hui il vit seul dans sa résidence de l'avenue des Pins. Il n'est plus très jeune, mais il n'a rien perdu de sa vigueur. Quel est le secret de sa passion? Peut-être la magie de son nom, Elberg.

Pendant des siècles, les Elberg ont donné à l'Europe centrale des chercheurs passionnés, méticuleux, profonds et ouverts, dans les études talmudiques et l'histoire hébraïque. Personnalités sans malice, toujours prêtes à partager leur expérience et leur sagesse avec le sourire et même avec un certain humour, confiantes dans la persistance de leur tradition, leur pensée est si universelle qu'elle est accessible aux lecteurs ou aux écrivains de toutes les sociétés. Les Elberg de sa génération ont cultivé les études yiddish en Pologne. Ils y ont récolté la tragédie de l'Holocauste.

Lui-même a étudié la psychologie de la victime qui est torturée au point de trahir des frères juifs. Plus tard, il a connu les ghettos au

Now alone in his Cedar Avenue home, Yehudah Elberg lives his full life, no longer young but still vigorous. The secret of his passion may be the very power of the name, Elberg.

Centuries of Elbergs and Michaelsons in central Europe were intense and meticulous scholars, deep and extensive in their knowledge of Talmud and Hebraic historic experience in its many phases. They generously shared wisdom with a gentle smile, even humour, assured of the persistence of a tradition so universal that it needs no companionship except that of reader and writer across time.

Yehudah's generation of Elbergs ploughed the Yiddish field of Poland. He reaped the crop of the holocaust where he applied his psychology to the study of a victim tortured into betraying Jew after Jew. Later, he examined the ghettos during the endless Nazi triumphant march. Then he wrote volume after

rythme de la marche triomphante et interminable des Nazis. Puis il a écrit des centaines de pages pour raconter l'histoire et dire le sens profond de son époque. Aujourd'hui, de sa demeure de Montréal, il continue d'interpeller les continents par son œuvre intemporelle, dans l'espoir que ses lecteurs oublieront, comme lui, la marche du temps.

> Mes articles traitent des questions juives et de l'histoire, mais je suis essentiellement un romancier. Je donne des conférences en Russie, en Europe occidentale et en Israël — j'y ai lancé un recueil de contes populaires hassidiques. Ici à Montréal, mon premier livre écrit en anglais doit paraître bientôt.

L'avenir du yiddish le laisse songeur. «Le yiddish va-t-il survivre comme langue et comme culture?» se demande-t-il.

L'important pour Yehudah est de poursuivre sa pensée, pressé par le temps, inspiré par les réalisations de l'univers juif à travers les âges, les ouvrages éternels, ceux qui sont sous presse comme les manuscrits anciens, les œuvres d'art qui marquent le temps, telles les aiguilles de l'horloge, par l'expression artistique et l'ancienneté et qui constituent son musée personnel. Ses visiteurs étonnés et ses admirateurs déférents sont la meilleure garantie de son authenticité.

Il est rassurant de savoir que les archives du Canada ont copié sur microfilm les centaines de manuscrits qu'il a en sa possession, afin d'assurer la permanence et l'universalité de l'héritage des Elberg à ce moment de l'histoire.

Le temps ne signifiant plus rien, le présent prend d'autant plus de sens. À la croisée permanente de l'espace et du temps, Yehudah voyage intensément. Porte-parole de la sagesse hébraïque universelle, c'est du Québec qu'il rayonne désormais. Et partout il est accueilli avec respect.

volume of Yiddish novels, and essay after essay on history and on the vast significance of his times. Timeless creativity flows from his Montreal home, in the hope that his readers — and he — will forget the passage of time.

"My articles are about Jewish issues and history, but mostly I am a fiction writer. I am going to Russia and Europe to lecture, then to Israel, where my book on Hassidic folk tales is being released, then back here where my first book in English will be published."

Yehudah is pensive about the future of Yiddish. "Will Yiddish survive as a language or a culture?" he wonders. What matters is that he is surrounded by his thoughts, by the clock — the impersonal marker of the hours — by the accomplishments of Jewish mankind over the years: their eternal books, their books in print, and their ancient, enduring manuscripts, their works of art made readable by their artistry and antiquity — his personal museum which he generously lends to major exhibitions. His awestruck visitors and deferent admirers ensure his authenticity. It is reassuring to know that the National Archives have copied his many hundreds of ancient manuscripts on microfilm to preserve this heritage of the Elbergs.

Although time means nothing to Yehudah, the present has always met much. In the permanence of this space and this time, he still travels widely, and everywhere he is greatly honoured.

Jan Abraham Menses

Le Québec est la patrie d'un maître de la peinture dont les œuvres se retrouvent dans les grands musées du monde, y compris au Vatican. Celles-ci s'inspirent, dans les périodes récentes, des thèmes majeurs de la tradition et de l'expérience juives. L'artiste travaille en ce moment sur celui du Grand Prêtre dans le Temple. La série s'intitule *Tikkun* (Parfait Épanouissement, Rédemption, Restauration).

Ancien officier de l'aviation hollandaise, Menses a exercé son art pendant des années au Maroc, où il a rencontré son épouse, puis en Europe et finalement au Québec. Il tient son prénom Abraham de sa conversion à la religion juive, qui voit dans le patriarche le père de tous les vrais croyants.

Né dans le protestantisme et converti au judaïsme orthodoxe, il est un observateur scrupuleux de la loi hébraïque. Ses études de la tradition et de la pensée juives, de même

Montreal is the home of a master painter whose work hangs in the Vatican and in great galleries of the world, inspired by the highest themes of Jewish faith and experience. One current series, *Tikkun* (Perfect Fulfilment, Redemption, Restoration) centres on the function of the High Priest in the Temple.

A former Dutch airforce officer, he painted for years in Morocco, where he married, and in Europe, as well as in Quebec. Abraham, his Hebrew name, refers to his converted state, the Jewish tradition considering the patriarch as being the Jewish father of those who came to the faith in pure sincerity. Born a Dutch Protestant and converted to orthodox Judaism, Jan is strictly observant of Hebraic law. He has studied the traditions and philosophy of the Jewish faith and the spirit of the history and lore of Ashkenaz Judaism. Because he is an intense lover of the modern Jewish State of Israel, he maintains a home

que son approfondissement de l'esprit et de la culture du judaisme ashkénaze, l'ont amené à embrasser la cause de l'État d'Israël où il a acquis une propriété en Haute Galilée.

Très peu figuratif, il recourt au noir et blanc pour exprimer l'essentiel de l'expérience humaine. Quand il peint des personnages, il démontre une grande diversité, où l'humour s'allie à la couleur locale.

Le gouvernement du Québec a honoré Jan Abraham Menses en lui décernant, en 1965, un premier prix pour la série *Klippoth* portant sur la Kabbale. Une grande partie de son œuvre (la série *Kaddish*) est une représentation symbolique de l'Holocauste. Il a récemment participé à une exposition à la Art Gallery de Toronto à laquelle participaient d'autres peintres affichant comme lui leurs convictions religieuses. L'événement était patronné par la famille Reichmann.

Ghitta Caiserman-Roth

Elle était destinée à une grande carrière. Son père, Hanania Meir Caiserman, est une des grandes figures du judaïsme canadien, un des fondateurs du Congrès juif canadien. Sa mère, Sarah, était une femme d'affaires. Féministe,

and studio in ancient Safed in the Upper Galilee.

The government of Quebec awarded him its first prize for his series *Klippoth*, on the theme of the Caballah, in 1965. Much of his other work (the *Kaddish* series) is a symbolic representation of the Holocaust. His paintings are not figurative, but his play of black and white is evocative of essential human experience. When he represents people in his work, he displays a broad range of concern, not excluding the humorous and the satirical.

Recently, he participated, along with religiously observant artists from Israel, in an exhibition at the Ontario Art Gallery sponsored by the Reichmann family.

Ghitta Caiserman-Roth

Ghitta was born for distinction. The daughter of Hanania Meir Caiserman, a leader of Canadian Jewry and a founder of the Canadian Jewish Congress, and of Sarah, industrialist, feminist, and head of the socialist-leaning Pioneer Women, Ghitta opted for the easel and palette as her media of expression in her high-school days, and neither her attention nor her individualism ever deviated.

elle a été l'animatrice de l'association bien connue pour ses tendances socialistes *Pioneer Women*.

Pour sa part, Ghitta avait opté, dès l'époque de ses études secondaires, pour la palette et le chevalet et jamais depuis lors elle ne les a quittés, pas plus qu'elle ne s'est départie de son individualisme.

Tout a commencé aux jours heureux de l'École Saint-Urbain, avec Muhlstock, Aleksander Berkovitch et B. Malchi. Longtemps ses yeux se sont pénétrés du paysage montréalais, jusqu'à ce qu'il se révèle à elle, qu'il s'impose à sa liberté et à l'originalité de sa perception, au fur et à mesure de sa propre découverte, de sa propre analyse, que ce soit une table, une serviette, un modèle, une forme, une ombre, une abstraction.

L'œuvre de Ghitta appartient à l'histoire du Québec. Elle est présente dans tous ses musées, dans sa littérature sur l'art et dans les galeries personnelles de ses collectionneurs.

Tilya Helfield

Une artiste qui s'est attachée passionnément aux régions canadiennes où elle a vécu. Quelques-unes de ses plus belles œuvres s'inspirent des frottis des anciennes pierres du cimetière de Trois-Rivières. On lui doit aussi une œuvre extraordinaire, la pierre tombale d'un enfant.

Elle se passionne pour le papier et les matières qui s'en rapprochent: fibres, feuilles de bananiers, écorces. Les étoffes et les objets viennent s'ajouter au papier et deviennent à la fois le support et le sujet du tableau, qu'il s'agisse de Rouleau Sacré, du caractère hébreu du Dieu des Juifs, d'un châle de prière ou d'une décoration de l'Arche Sacrée.

On lui doit de magnifiques réalisations: des *Tallit* ou châles de prière fabriqués de papier fait main et de soie, de même que des *Parochet* (rideaux de l'Arche), où l'on retrouve du satin, de la dentelle, des broderies et des perles.

She began to paint during the heyday of the St. Urbain school, with Muhlstock, Aleksander Berkovitch, and B. Malchi. She has long concentrated on the Montreal landscape, discovering perspective of roof top, table, towels, patterns, through shaping, shading, and abstraction.

Recognition of Ghitta's work grew with the evolution of artistic discernment in Quebec; this appreciation, which embraced Ghitta's work, came too late for her mentor Berkovitch. Ghitta's work is part of Quebec history; it is found in the museums, the art literature, and the private galleries of the province.

Tilya Helfield

Tilya Helfield and her family have long had a deep attachment to the Canadian regions where they have lived. Some of her works have been based on rubbings of the stones first erected in the old Trois-Rivières cemetery. The extraordinary tombstone of a baby is one of the finest of these.

Her passion extends to paper and related materials: fibre, paint, banana leaf, and bark, become both background and the subject of portrayal, whether it is the Holy Scroll, the Hebrew word of the Jews' God, the prayer shawl, or the decorations for the ark.

The *Tallit* [prayer shawls], made of embossed handmade paper and screened silk, and the *Parochet* [ark curtains] made of handmade paper, silk, satin, lace, embroidery, and beadwork, are life-size and were inspired by Jewish ceremonial textiles and religious objects. The *Ketubah* series recalls the variety and diversity of Jewish marriage contracts throughout the Diaspora.

The most recent exhibition on Genesis includes the *Writings on the Sand* collages, evoking the Torah scrolls. The paper, recalling the long-lost Biblical scrolls and pieces of parchment, is made of flax, cotton, and abaca (banana leaf) linters, and natural

Ils sont de grandeur nature et s'inspirent des tissus cérémoniaux et des objets religieux en usage chez les Juifs. Il faut également mentionner la série sur le *Ketubah* ou contrat de mariage, d'une grande variété dans la Diaspora, les «Pilliers de chair» et les «Piliers de sel» rappelant l'histoire de Sodome et de Gomorrhe, ainsi que la «Robe multicolore de Joseph»...

Son exposition la plus récente porte sur la Genèse. On y remarque des collages intitulés «Écritures sur le sable» évoquant les rouleaux de la Torah depuis longtemps disparus. Elle travaille sur un papier de sa création qui évoque les anciens rouleaux bibliques. Il est fait de cire, de coton et de feuilles de bananier, de diverses fibres naturelles (depuis la noix de coco jusqu'à la feuille de l'iris) et d'autres éléments comme la guenille et les feuilles de thé.

Le produit final est une feuille amincie à la presse hydraulique et qui peut être cousue ou collée. J'y incorpore mes tissus que j'ai teints et imprimés, de même que mes eaux-fortes, broderies et autres ornements, colliers, objets trouvés en métal et en verre, bois de grève, qui rappellent le «message écrit» de ces antiquités inestimables. L'ornementation est complétée par diverses colorations au pastel, au graphite, au crayon de couleur.

fibres—bulrushes, milkweed floss, sea-almond leaves, coconut, pampas grass, palm leaves, birch bark, kozo, corn husks, iris leaves—and of beaten cotton rags, wool, egg cartons, dryer lint, mat board, etching proofs, coffee, tea, and flower petals. It is made in sheets and pressed under a hydraulic press, then sewn and/or glued for the work of art.

The *Pillars of Flesh* and *Pillars of Salt* are vacuum-cast, handmade paper floor sculptures from ten inches to seventy inches high, recalling the Biblical story of Sodom and Gomorrah. *Joseph's Coat of Many Colours* is a life-size coat of resist-dyed cotton and hand-made paper sewn together in a crazy-quilt pattern with machine embroidery and beadwork. The amulets are made of bits of metal and other found objects, embellished with textiles, beads, and chains. They recall the talismans and charms used by the ancient Hebrews in their daily lives to ward off evil and ill fortune.

Esther Trépanier

C'est à travers sa recherche sur les débuts de la modernité dans l'art au Québec qu'Esther Trépanier découvre la communauté juive. Une génération de peintres, dans les années vingt et trente, délaisse le paysage pour la réalité urbaine et la figure humaine. Aux côtés des John Lyman et Adrien Hébert surgissent des noms juifs: Aleksander Berkovitch, Jack Beder et Louis Muhlstock. Comme leurs collègues francophones, les peintres juifs — Esther en compte une quinzaine — viennent presque tous des zones défavorisées de Montréal.

Professeure d'histoire de l'art à l'UQAM, Esther Trépanier a voulu organiser une exposition itinérante de ces peintres à travers le Canada intitulée: *Peintres juifs et modernité, Montréal 1930-1945*, qui a été présentée au Centre Saidye-Bronfman en 1987.

Elle a publié un ouvrage sur cette exposition et a soutenu à la Sorbonne une thèse de doctorat sur les débuts de la modernité dans la peinture au Québec, consacrant du même coup ces artistes qui ont rompu avec une tradition du milieu juif hostile à l'art et ouvert la voie à leurs successeurs, tels Ghitta Caiserman et Jan Menses.

In the course of her research on the roots of modern art in Quebec, Esther Trépanier discovered the Jewish community. A generation of painters during the twenties and thirties abandoned landscape in favour of urban reality and the human figure; Jewish artists such as Aleksander Berkovitch, Jack Beder, and Louis Muhlstock joined John Lyman and Adrien Hébert. Like their Francophone colleagues, almost all of the Jewish painters — Esther counts some fifteen of them — came from poverty-stricken areas of Montreal.

Esther has been teaching history of art at UQAM for ten years, and put together a travelling exhibition entitled *Peintres juifs et modernité, Montreal 1930–45*. It was first presented at the Saidye Bronfman Centre in 1987.

Esther wrote a book on the exhibition, and then went to the Sorbonne, where she wrote her doctoral dissertation on the beginnings of modern art in Quebec, featuring the Montreal Jewish artists who broke with the tradition that discouraged art, and opened the way for later painters, such as Ghitta Caiserman-Roth and Jan Menses.

Dora Wasserman

La carrière de Dora Wasserman a été une surprise continuelle. Née dans l'univers communiste corrosif et particulièrement hostile à la culture juive, elle est entrée dans l'univers minuscule et sans avenir apparent du théâtre yiddish. Au cours de la guerre, elle rencontra un réfugié de Pologne qu'elle épousa. Tous deux réussirent à fuir la Russie jusqu'à Montréal.

Au Québec, cette grande vague d'immigrants avait amené une foule d'artistes de talent. Dora voulait faire du théâtre yiddish. À Montréal, elle s'est fait des amis dans le milieu privilégié de la Bibliothèque juive, dont le président, M. Lauter, qui l'encourageait. Elle a commencé par lire des histoires yiddish aux petits de la section des enfants, puis elle leur a montré à jouer les personnages de ces contes. Elle a pris les parents et les dames auxiliaires par surprise quand, un beau jour, elle a présenté ces contes sur la scène, avec les

Dora Wasserman's career was always unexpected. Born into the corrosive Communist society that was hostile to Jewish culture, she entered the unpromising little universe of Yiddish, where she came into contact with the serious Soviet theatre. During the Second World War, she met and married a Jewish refugee from Poland. They escaped from Russia, and made their way, via Poland and Germany, to Montreal.

The vast wave of Jewish immigration to Quebec of which Dora was a part included a host of accomplished artistic, dramatic talent. Dora, howewer, had more than talent; her perseverance and readiness to learn had been developed in the intense Soviet world, where these qualities were essential for survival. She developed friendships in the Jewish Public Library, where she was encouraged by president M. Lauter; she began by reading Yiddish stories to boys and girls in the children's sec-

enfants comme acteurs. Et tout cela, bien sûr, sans aucun budget.

C'est alors que se joignirent à elle Shloimeh Wiseman, directeur des Écoles populaires juives, Mordecai Husid, éditeur de pièces pour enfants et S. Dunsky, le parrain de tous. C'est ainsi qu'il y a vingt ans, Dora devint la directrice «naturelle» du théâtre yiddish au Centre d'art Saidye-Bronfman. Elle assuma si naturellement ce rôle que sans doute personne dans cette institution n'a réalisé qu'il s'agissait du phénomène yiddish le plus important en Amérique du Nord et au Québec, en un temps où tout le monde déplorait le déclin du yiddish.

Mais ce n'était que le début du miracle. Au fil des ans, la liste des productions régulières s'allongea: musique, drames, classiques, traductions, adaptations, tragédies, folklore, petite histoire, tout ce que la direction du théâtre pouvait tolérer et que les acteurs de sa compagnie pouvaient accepter dans leurs tournées petites et grandes, arborant le drapeau du Québec yiddish.

Parmi ses réalisations les plus québécoises, notons la mise en scène d'un document folklorique illustrant la vie juive montréalaise du début du siècle, un sketch sur la vie de l'immigrant juif dans ce qui était à l'époque une banlieue de ville, le Mile End. Ce quartier, où se trouvait la paroisse du curé Philippe Perrier, un modèle abrahamique d'hospitalité, d'après le chanoine Groulx (*Mes mémoires*, vol. 1, Montréal, Fides, 1970, p. 88). Sa paroisse, Saint-Enfant-Jésus de Mile End était bien connue dans les annales du nationalisme canadien-français comme l'étaient, dans les annales de la communauté italienne, la paroisse La Defensa et, pour la communauté juive, la synagogue Poale Tzedek et l'École I. L. Peretz.

Mais, pour Dora, le sommet de sa carrière est sans contredit d'avoir pu créer, sur ce continent où le yiddish est supposément en déclin un auditoire enthousiaste qui remplie la

tion, then taught them to perform the characters in the tales. She surprised the parents and the volunteers one day by staging these tales with the children as actors; she accomplished this without spending a cent.

Enter Shloimeh Wiseman, director of the Jewish People's Schools, Mordecai Husid, editor of children's plays, and S. Dunsky, general benefactor. Some twenty years ago, Dora became the "natural" director of the Yiddish theatre at the Saidye Bronfman Art Centre, a role she invented and expanded so naturally that for a long time no one in this institution recognized it as the most remarkable Yiddish phenomenon on the continent—at a time of widespread lamentations for the demise of Yiddish.

But this was just the new beginning of Dora's miracle. Over the years the list of productions has grown longer and more varied: musicals, dramas, classics, translations, adaptations, tragedies, folklore, local history, and whatever else the stage boards tolerate and the actors of her company can take with them on their tours, bearing the flag of Yiddish Quebec.

Among Dora's most specifically Quebec-oriented productions have been a folkloric dramatization of Montreal Jewish life early in the century in the suburb of Papineau, and a play on the immigrant Jews in Mile End, the parish of Curé Philippe Perrier, the Abrahamic model of hospitality in the St-Enfant-Jésus Parish (as Groulx said in *Mes mémoires*, vol. 1, Montréal, fides, 1978, p. 88). This parish was significant in the annals of French-Canadian nationalism; among Montreal Italians it was known as the La Victoire parish and for the Jewish community it was home to the Poale Tzedek synagogue and the I.L. Peretz School.

Dora's greatest achievement has been that, on this continent where Yiddish is in decline, she has created a totally new generation of enthusiastic audiences and actors. Her pro-

salle du Centre Saidye-Bronfman soirs après soirs, semaines après semaines. Elle s'est même gagné l'enthousiasme et l'admiration de la presse francophone. En 1992, elle a même mis en scène la pièce de Michel Tremblay, *Les belles-sœurs, (Di Shvegerns)*, d'après une traduction en yiddish de Goldie Morgentaler et de Pierre Anctil.

Maintenant âgée de 70 ans, Dora Wasserman est retournée dans sa Russie natale avec sa troupe montréalaise de 30 acteurs, comme hôte de Gorbatchev, pour visiter sa parenté et présenter des traits de l'humour populaire yiddish né en Russie il y a deux siècles.

Rachel Eisenberg Ravitch

Elle est née pour aimer, pour aimer ses frères, ses amis, ses causes, les amants de ses causes, la beauté des livres, ceux qui utilisent les livres pour promouvoir leurs causes et les siennes, ceux qui écrivent les livres pour communiquer l'amour, l'amour de l'univers, des Juifs, du yiddish des Juifs et de l'humanité.

Il n'est pas étonnant que cette grande histoire de cœur s'étale sur des années dans un lieu unique: la Bibliothèque publique juive. Mieux que tous, elle connaît cette noble et vieille institution, car c'est elle qui l'a créée avec Reuben Brainin et Yehudah Kaufmann.

Elle y est entrée jeune fille pour en classer les brochures, périodiques et journaux. Puis elle rassemblait les lecteurs ici et là, les guidait à travers les pages de ces publications pour les encourager à se rencontrer, même s'ils n'étaient pas du même camp, à l'extérieur de la bibliothèque, pour échanger dans la camaraderie de la lecture et de la culture juive.

Au cours des années, ce qui devait arriver arriva. Un homme de stature internationale, poète et philosophe, devait la découvrir. Il s'appelait Bergner, mais pour elle comme pour tous les lecteurs, il avait nom Melech Ravitch, voyageur, secrétaire et gardien privilégié de la littérature yiddish. En 1934, alors qu'il était en

ductions fill the Saidye Bronfman Centre theatre evening after evening, week after week, winning the admiration even of the French-language press. In 1992, she produced Michel Tremblay's play *Les Belles-Sœurs (Di Shvegerns)*, in the Yiddish translation by Goldie Morgentaler and Pierre Anctil.

At seventy, forty-five years after she left, Dora Wasserman returned to Russia as a guest of the Gorbachev régime with her thirty-person Montreal theatrical troupe, to reintroduce folkloric Yiddish comedies that had originated there some two centuries ago.

Rachel Eisenberg was born to love her brothers, her friends, her causes, the lovers of her causes, the beauty of books, those who used books to advance their causes and hers, those who write books to communicate love, to communicate love of the lovable universe, of Jews, of Jews' Yiddish, and of mankind.

It is not surprising that this story of the heart extends over many years in a single place, the Jewish Public Library. Rachel knows this venerable and noble institution better than anyone, having developed it with Reuben Brainin, Melech, Ravitch and Yehudah Kaufman.

As a young girl she entered the library to file pamphlets, journals, and books. Then she found and brought together scattered and lonely readers, guiding them to the books, encouraging them to meet with each other, even if they belonged to different worlds outside the library, to enjoy the camaraderie of reading and Jewish culture. As a librarian, she created a world centre of Yiddish culture that has enriched the unique Jewish community of Montreal.

In the course of time, it had to happen. A poet, a philosopher, a gentleman of world stature had to find her. His name was

route pour Vancouver, il sentit qu'il devait faire un détour par Montréal. Il avait toujours cru à la force du hasard qui le menait vers sa destinée et, comme il l'a écrit plus tard, vers Rachel.

Cette rencontre influença la littérature juive dans le monde entier. Elle marqua l'œuvre critique de Ravitch et lui donna un port d'attache au Canada, un nid de beauté pour son œuvre littéraire. Fait sans précédent dans l'histoire des lettres québécoises, le ministre des Affaires culturelles lui offrit un banquet d'honneur, lors de l'Expo 67, au Pavillon du Québec.

La demeure de Rachel est un musée que chaque visiteur parcoure avec vénération. Il en était de même quand Rachel et Ravitch vivaient en Israël.

Ravitch est parti mais sa mémoire est toujours vivante dans l'esprit de chaque Juif cultivé, une mémoire qui est l'attestation de son appartenance à la communauté montréalaise, contresignée par Rachel.

Bergner, and he was known to his readers as Melech Ravitch, traveller, writer, and trustee of Yiddish literature. In 1934, as he was travelling to Vancouver, he had a feeling that he had to stop over in Montreal. He had always believed in the directed force of fate, driving him headlong to his destiny—in this case, as he later wrote, to Rachel. It was a meeting that influenced Jewish literature; it shaped Ravitch's criticism, providing him with a refuge in Canada and a nest for his writing. In an unprecedented event for Quebec letters, the Minister of Cultural Affairs honoured him at a banquet during Expo '67, in the Quebec Pavilion.

Ravitch passed away almost twenty years ago but his spirit lives on in the mind of every literate Jewish person, a memory that is the certificate of his citizenship, countersigned by Rachel.

Norma Joseph

Épouse du rabbin Joseph de la très orthodoxe Congrégation espagnole et portugaise de Montréal, Norma enseigne le judaïsme à l'Université Concordia, à Montréal. Elle est une des féministes les plus avant-gardistes du judaïsme nord-américain. Elle travaille à faire avancer la cause des femmes dans le droit canadien et le culte juif, et elle mène une recherche active sur plusieurs questions relatives aux femmes dans le judaïsme et elle a organisé un *minyan** de femmes dans sa propre congrégation.

Norma, the wife of Rabbi Joseph of the very orthodox Spanish and Portuguese Congregation, is a professor of Judaic studies at Montreal's Concordia University. Learned in the law that governs and limits the function of Jewish women, she is one of the leaders of feminismin in North American Judaism. Working within the tradition, she studies and teaches to expand the active realm of women and by women in the ritual tradition and in the community.

* Le *minyan* est le groupe minimum requis (10 personnes) pour constituer un groupe de prière ou une synagogue.

LES RELATIONS JUDÉO-CHRÉTIENNES

JUDÉO-CHRISTIAN RELATIONSHIPS

Le rabbin Harry J. Stern

Dans une communauté où l'anglo-américain était un signe primordial d'identité, il était fier de la couleur yiddish de sa langue, qui révélait son origine lituanienne et ses études aux grands *Yeshivot* orthodoxes de Vilna (Vilnius).

Il ne se laissait pas intimider par ce fait sociologique fondamental qui veut que le judaïsme québécois ne soit pas d'allégeance Réformée, mais qu'il a investi tout son dynamisme du côté de l'orthodoxie. Comme le christianisme québécois a été catholique plutôt que protestant.

Dès son arrivée à Montréal en 1926, il a joué un rôle de premier plan. Il a su gagner le respect des chrétiens comme des juifs. Alors que le mot «œcuménisme» était encore relégué aux ouvrages de théologie, le rabbin Stern invitait des ecclésiastiques chrétiens à son Institut du judaïsme où ils répondirent à son invitation pendant des décennies.

Rabbi Harry J. Stern

In a community in which American English was a primordial sign of identification, Rabbi Stern was proud of the Yiddish touch to his language, proudly indicating his Lithuanian origins and his training in the great orthodox *Yeshivoth* there.

He was undaunted by the basic sociological fact that Jewry in Quebec was not Reform-dominated but orthodox, just as Quebec Christendom was basically Catholic rather than Protestant. As a powerful Reform rabbi, he won the respect of both Christians and Jews from the day he arrived in Montreal from Uniontown, Pennsylvania, in 1926. While ecumenism was still a gleam in the eye of some theological lexicographer, Rabbi Stern first invited Christian clergymen to his Institute of Judaism, and they came, then and for decades after.

Pendant des décennies, le rabbin Harry J. Stern a dominé la scène du judaïsme réformé au Québec.

For decades, Rabbi Harry J. Stern has dominated Reform Judaism in Quebec.

C'est ainsi que vint à lui, un beau jour, le jeune jésuite Stéphane Valiquette, pour faire une recherche sur la Réforme juive. C'était en 1937, au plus fort de la vague antisémite provoquée par l'ascension du nazisme. Plus tard, le père Joseph Paré, également jésuite, l'accompagna pour entreprendre, avec l'appui de l'archevêque de Montréal, Mᵍʳ Joseph Charbonneau, un des premiers dialogues œcuméniques du monde occidental. L'expérience se poursuivit avec l'approbation d'abord du cardinal Léger, puis de Mᵍʳ Grégoire.

Le rabbin Stern était le chef de la communauté juive de Westmount, qu'il animait de son temple de la rue Sherbrooke. Lors de la montée du fascisme, il s'allia aux «downtowners» Michael Garber et H. M. Caiserman pour mettre sur pied un organisme militant unique en son genre, le Congrès juif canadien. Parallèlement, il participa à la fondation, à Genève, du Congrès juif mondial, dirigé aujourd'hui par un Montréalais d'origine, Edgar Bronfman.

Le père Stéphane Valiquette

Dans les années trente, près de la moitié de la population du quartier natal du père Stéphane Valiquette, sur le Plateau Mont-Royal, était juive.

> Les jours de sabbat, j'éteignais les lumières à la synagogue. Du plus loin que je me rappelle, j'avais le sentiment que les Juifs avaient les mêmes valeurs que les nôtres: attachés à leur famille et à leurs traditions, préoccupés des moins privilégiés. Les tensions raciales qui sont venues plus tard était l'œuvre de quelques personnes mal informées.

Cet intérêt pour la communauté juive persista durant ses années de scolasticat, chez les Jésuites. Dès 1937, il obtint de ses supérieurs la permission d'étudier le judaïsme québécois, en particulier le judaïsme réformé. Il rencontra également H. M. Caiserman, le

One who came was the young Jesuit Stéphane Valiquette, to write about Reform Judaism. The rabbi's friendship with the Jesuit and with his teacher in the Society of Jesus, Father Joseph Paré, proved historic. The three initiated a vigorous Catholic-Jewish interfaith dialogue, with the support of Archbishop Joseph Charbonneau, which was among the first to introduce ecumenism in the Western world. The programme was blessed by Cardinal Léger and expanded by Archbishop Grégoire.

Rabbi Stern was the leader of Westmount Jewry; he officiated bareheaded in his Sherbrooke Street temple. As the threat of fascism grew in Europe and in Canada, Stern joined populist Michael Garber and H.M. Caiserman's "downtowners" to organize the militant Canadian Jewish Congress. At the same time, Rabbi Stern participated in founding the World Jewish Congress in Geneva, now headed by Montreal-born Edgar Bronfman.

Father Stéphane Valiquette

Father Valiquette guided the Fathers and Sisters of the Congregations of Notre Dame de Sion, who had been devoted to conversions to Judaism, into opening a Judeo-christian dialogue. Sister Marie Noëlle de Baillehache came to Montreal to establish the ecumenical Centre Mi-ca-el on Côte-des-Neiges, to spread amity between Jews and Catholics.

Sister Marie Noëlle had a sound knowledge of Hebrew from her studies in Paris. She also knew Yiddish from her childhood familiarity with her German family. In Montreal, she studied Yiddish more deeply with Shloimeh Wiseman and Samson Dunsky, and read the poetry of Jacob Isaac Segal, which she translated into French.

Father Stéphane Valiquette "grew up in the Plateau Mont-Royal. Almost half the population was Jewish. During the Sabbath,

Le père Valiquette se rend souvent pour prier au Centre Mi-Ca-El.

Father Valiquette at the Mi-Ca-El Centre

fondateur du Congrès juif canadien. Celui-ci raconta plus tard comment il avait été ému jusqu'aux larmes devant ce catholique qui n'avait d'autre but que de se mettre à l'écoute de la tradition juive, par-delà le mur des préjugés.

Cette démarche s'est avérée par la suite un apport au rôle précurseur du Québec dans l'histoire du dialogue judéo-chrétien à travers le monde. Ainsi le père Valiquette a été amené à guider les pères et les sœurs de la Congrégation de Notre-Dame-de-Sion, à l'origine dévouée à la conversion des Juifs, dans leur effort pour s'ouvrir au dialogue judéo-chré-

I turned off the lights in the synagogue. My early feeling about Jews was that they had similar values to ours, close to their family and their traditions, concerned about the less privileged. The racial tension that occurred later was the work of a few misguided people."

This interest continued during his seminary years, in the 1930s. He secured episcopal permission to study Quebec Judaism, especially Reform Judaism, with Rabbi H.J. Stern, and to make contact with H.M. Caiserman of the Canadian Jewish Congress, following the pioneering work of Father Joseph Paré.

tien. Si bien qu'en 1962, sœur Marie-Noëlle de Baillehache a pu réaliser un rêve qu'elle portait depuis longtemps: donner au Centre Mi-Ca-El de Montréal une orientation nouvelle, celle de favoriser les contacts et l'amitié entre juifs et chrétiens.

Cette religieuse avait acquis à Paris une bonne connaissance de l'hébreu. Elle connaissait aussi le yiddish, grâce à ses relations d'enfance avec des familles allemandes. À Montréal, elle approfondit la culture yiddish avec Shloimeh Wiseman et son collègue Samson Dunsky, et s'initia à la poésie du poète montréalais Jacob Isaac Segal, dont elle traduisit certaines œuvres.

En 1972, Mgr Paul Grégoire, alors archevêque de Montréal, donna le feu vert au dialogue judéo-catholique, qui devait s'élargir pour devenir le Dialogue judéo-chrétien.

Gérard Pelletier

J'ai passé mon enfance dans une petite ville des Bois-Francs, Victoriaville. C'était dans les années vingt. Il y avait à l'époque deux industries qui faisaient vivre ses 8000 habitants: le meuble et le vêtement. Le meuble était la propriété des Québécois francophones, alors que le vêtement l'était en bonne partie des familles juives, comme la *Rubin Brothers*. Je me souviens de certains noms: les Testa, originaires d'Italie, des hommes de métier très raffinés, les Rosenthal, les Grocer, les Schmuckler. Mon père était chef de gare et ils étaient ses amis. Je me souviens aussi des cours de religion. Le vicaire de notre paroisse nous avait expliqué comment les imprécations rituelles contre les Juifs, dans la liturgie d'alors — supprimées comme on sait par Vatican II —, ne s'appliquaient surtout pas à nos voisins juifs. Une de ces familles habitait juste en face de chez nous et j'ai appris très tôt à célébrer les fêtes juives et les fêtes chrétiennes avec mes petits compagnons juifs. Nous nous partagions nos bonbons.

These early steps proved to be historic, as Quebec came to lead the world in the Christian-Jewish dialogue and in friendship with the Jewish state, as the Canadian government became the godfather of Israel during the late 1940's.

Gérard Pelletier

I spent my childhood in Victoriaville, a small town in the Bois-Francs region. It was in the twenties. At the time, two industries provided employment for the eight thousand residents: furniture and clothing. The furniture industry belonged to Francophone Quebecers, while most of the clothing businesses, like the Rubin Brothers, belonged to Jewish families. I remember certain names: the Testas, from Italy, very refined craftsmen, the Rosenthals grocers, the Schmucklers. My father was the station-master, and they were his friends. I also remember religion lessons. The vicar of our parish explained how the ritual imprecations against the Jews, in the liturgy of the time — eliminated, as we know, by Vatican II — did not in fact apply to our Jewish neighbours. One of these families lived across the street from us, and I learned very early to celebrate the Jewish and Christian holidays with my Jewish friends. We shared the candy we collected.

It was at Collège de Mont-Laurier that I first heard about anti-Semitism. It was during the era of Adrien Arcand. I had as a professor a remarkable man, Father Joyal. He told me to read, among other books, *La question juive*, by Jacques Maritain, which really vaccinated me against anti-Semitism. This professor became the parish priest of Sainte-Agathe, and thus the successor to one of the great anti-Semites of the time. Father Joyal told me that he made a point of visiting personally each Jewish family in the town to ask their forgiveness, on behalf of the Christian community, for the wrong that had been done to them during these dark years.

C'est au collège de Mont-Laurier que j'ai entendu parler de l'antisémitisme pour la première fois. C'était à l'époque d'Adrien Arcand. J'ai eu comme professeur un homme extraordinaire, l'abbé Joyal. Il m'a fait lire entre autres *La question juive* de Jacques Maritain qui m'a vraiment vacciné contre l'antisémitisme. Ce professeur est devenu curé de Sainte-Agathe et donc le successeur d'un des grands antisémites de l'époque. L'abbé Joyal m'a confié qu'il s'était fait un devoir de visiter personnellement chacune des familles juives de la ville pour leur demander pardon, au nom de la communauté chrétienne, pour le tort qui leur avait été fait durant ces années de noirceur.

My first confrontation with anti-Semitism dates from when I arrived in Montreal. It was 1941. I remember having written an article—oh, still very timid!—in a newspaper of the Jeunesse étudiante catholique to echo the protests of the Vatican against deportation of Jews from Eastern Europe. The JEC, as we called it, was a young people's "Catholic action" movement. It had miraculously escaped the anti-Semitic contamination of the time.

At the end of the war, in 1946, I made contact with the JEC and the Esprit movement of Mounier in France. The famous patrologist Marrou, himself an alumnus of the JEC, also impressed me. He

Ma première confrontation avec l'antisémitisme date de mes débuts à Montréal. C'était en 1941. Je me souviens d'avoir signé un article, oh! encore bien timide!, dans un journal de la Jeunesse étudiante catholique pour faire écho aux protestations du Vatican contre les déportations des Juifs en Europe de l'Est. La JEC, comme on l'appelait, était un mouvement d'«action catholique» pour les jeunes. Elle avait miraculeusement échappé à la contamination antisémite du temps.

Dès la fin de la guerre, en 1946, j'ai pris contact avec la JEC française et le mouvement Esprit de Mounier. Le célèbre patrologue Marrou, lui-même un ancien de la JEC, m'a également marqué. Il avait écrit une histoire du judaïsme. C'est lui qui m'a fait découvrir «L'amitié judéo-chrétienne», un mouvement dont il était l'un des fondateurs et que j'ai contribué à transplanter au Québec, en liaison avec l'«American Conference of Christians and Jews». Nous nous réunissions au Cercle universitaire, rue Sherbrooke. Je me souviens que Sam Bronfman a participé à la réunion de fondation. J'ai aussi fréquenté le «Cercle juif de langue française» fondé par Naïm Kattan au début des années cinquante. Cet organisme a été, à ma connaissance, le premier pont jeté entre nos deux communautés et où l'on pouvait échanger en français.

had written a history of Judaism. It was he who introduced me to "L'amitié judéo-chrétienne," a movement which he helped to found and I helped to transplant to Quebec, in association with the American Conference of Christians and Jews. We met at the Cercle universitaire, on Sherbrooke Street. I remember that Sam Bronfman participated in the founding meeting. I also went to the "Cercle juif de langue française," founded by Naïm Kattan at the beginning of the fifties. To my knowledge, this organization made the first bridge between our two communities where we could converse in French.

Les pierres d'attente

Vers l'an 2000

Stones awaiting

The Year 2000

Mindy et ses enfants, rue Jeanne-Mance   *Mindy and her children, Jeanne-Mance Street*

LA FAMILLE JUIVE, PIERRE ANGULAIRE DE LA COMMUNAUTÉ

Pendant plus de 3000 ans, le peuple juif a cru dans l'enseignement de la religion et lui a voué un véritable culte. Depuis l'enfance jusqu'à la vieillesse, le Juif, du moins l'homme juif, bénéficie de cette forme d'école obligatoire.

En Amérique du Nord, et depuis les premiers jours de leur vie de ghetto marquée par la pauvreté, les enfants juifs sont allés à l'école — du primaire aux études postdoctorales —

THE JEWISH FAMILY, CORNERSTONE OF THE JEWISH COMMUNITY

For nearly three thousand years, the Jewish people have been dedicated to the teaching of religion and to the religion of education. The tradition of compulsory schooling from infancy to old age, at least for males, is deeply ingrained.

The tradition has been promulgated in Quebec, even before the Rev. Abraham de Sola taught in his own Spanish and Portu-

Les écoles privées juives doivent offrir un minimum d'enseignement profane correspondant aux exigences du ministère de l'Éducation du Québec. Comme le rappellent Gary Caldwell et Josée Legault: «Le Gouvernement du Québec est probablement le seul à part celui d'Israël à financer des écoles primaires et secondaires juives à l'aide de fonds publics.» (Forces, nº 96, p. 61)

In Quebec, Jewish schools are financed by the state. Gary Caldwell and Josée Legault wrote, "The Quebec government is probably the only one outside of Israel to finance Jewish elementary and high schools with public funding."(Forces, no. 96, p. 61)

dans une proportion supérieure aux autres groupes. L'éducation juive fonctionne à deux niveaux d'égale importance et qui lui sont également chers.

Le premier niveau est l'enseignement général, dispensé de 9h00 à 15h00 dans les institutions de l'État, la plupart du temps obligatoire, gratuit et orienté vers la perpétuation de la culture de chaque pays. Le programme comprend les matières habituelles: lecture, écriture, mathématique, géographie, chimie, histoire, beaux-arts, musique, morale, hygiène, bonnes manières, civisme, respect de l'environnement, humanisme, etc.

Au moment de leur entrée massive en provenance de l'Europe de l'Est, les Juifs du Québec ont pu s'intégrer au sein des institutions de l'État québécois déjà en place. Ils optèrent pour le système protestant anglophone, bien que la direction et l'enseignement soient demeurés une chasse gardée anglo-protestante.

Le second niveau d'éducation, particulièrement cher aux Juifs, est celui de leur tradition culturelle propre: religion, Écriture biblique, lois, histoire, langues hébraïque et yiddish, traditions, littérature hébraïque, idéaux sociaux, identité collective. Aucun d'entre eux au Québec n'attendait de l'école publique un enseignement aussi spécialisé. Ils rêvaient plutôt d'un véritable système juif parallèle aux autres commissions scolaires. Ils rêvaient d'une nouvelle science de l'éducation et surtout de pouvoir recruter des élèves prêts à sacrifier le temps habituellement réservé à la vie sociale et au jeu, et cela tout au long de leur enfance. Après des années de démarches, le gouvernement céda à leur demande en 1930, du moins pour les villes de Montréal et d'Outremont. Mais la communauté juive ne s'est jamais prévalu de cette mesure. Pendant plus d'un siècle, elle a maintenu un réseau d'écoles où l'enfant pouvait recevoir, après les heures de l'école publique, l'enseignement traditionnel juif.

guese synagogue and at McGill University. In North America, greater proportion of Jewish children attend school—all the way to post-doctoral programmes—in greater proportion than any other group on the continent. Jewish education functions at two levels, each equally important.

The first is universal literacy—"reading, writing, arithmetic," geography, chemistry, history, art, music, ethics, hygiene, courtesy, civics, respect for the environment, humanism, and so on—offered between nine and three o'clock in public school, usually compulsory, usually free, at the expense of the state, dedicated to the perpetuation of a national society.

When vast numbers of Jews arrived in Quebec, their children entered the public-school system. Since the Jews were unanimously in favour of education in English, and Francophones wanted their school system to be homogeneously Catholic, children ended up in the Protestant schools. The Anglophone authorities welcomed the Jewish children to the classes, but did not accept their parents on their school boards.

The second level of education concerned Jewish lore and religion, their Bible, their laws, Zionism, history, Hebrew, Yiddish, traditions, Hebraic literature, social ideals and the meaning of their identity. They did not expect the provincial system to provide this intense specialized training. Rather, they dreamed of a Jewish system that would run parallel to school boards, maintained if necessary by voluntary contributions; the creation of a science—and a new profession—of education, and, above all, the recruitment of totally dedicated volunteer pupils, who would sacrifice social and play time through their childhood to school and after-school studies.

By the 1960s, the Montreal Jewish school system was the envy of Jewish communities throughout North America. It included the

Ce n'est qu'avec la Révolution tranquille que le problème de l'école juive trouva une solution qui fait l'envie des autres communautés juives d'Amérique du Nord: les écoles Talmud Torah unifiées et ses Peretz, ainsi que ses Écoles du peuple, dont les créateurs furent des philosophes de l'éducation comme Yehudah Kaufmann, Shloimeh Wiseman, Jacob Zipper et Samson Dunsky. Il s'agit d'un système d'écoles privées financées par l'État provincial jusqu'à 80%, où les enfants reçoivent à la fois une formation générale et une éducation traditionnelle.

Shloimeh Wiseman

Shloimeh Wiseman compte parmi les grands noms de ce qu'on pourrait appeler l'idéalisme québécois, aux côtés de personnalités comme Simon Belkin, L. Zuker et le rabbin H. Cohen. Wiseman avait prévu la révolution de l'éducation au Québec. Il prévoyait la menace que faisait peser sur l'école protestante la présence des enfants juifs et il mena avec ses collègues une lutte acharnée en faveur de l'école juive, pour que chaque communauté au Québec puisse avoir l'école de son choix.

Shloimeh Wiseman était un latiniste et un helléniste, un amoureux de l'hébreu et du yiddish. Il enseignait à l'Académie du peuple juif, connue sous le nom de *Yiddishe Folks Shulen*.

> À mon arrivée d'Ukraine en 1913, j'avais 14 ans. J'avais fait mes premières études à la maison avec mon père, un professeur bien connu. À Montréal, je suis allé à l'Université McGill où je me suis qualifié en sciences humaines en 1920. Je me suis marié la même année et je suis devenu directeur de l'École populaire juive («Folksshule»).

> À la fin des années vingt, nous croyions qu'il nous fallait l'école juive séparée, comme les protestants et les catholiques. Mais les «Uptown Jews», qui avaient l'argent et l'influence, y étaient opposés. Ils pensaient que nos enfants ne devaient pas être enfermés dans leur propre culture tribale.

day schools of the United Talmud Torahs schools and the Peretz and People's Schools, founded by educational philosophers Yehudah Kaufman, Shloimeh Wiseman, Jacob Zipper, and Samson Dunsky. When the Quebec government created a ministry of education, in the mid-1960s, it decided to fund 80 per cent of the cost of the Jewish schools.

Shloimeh Wiseman

Among the leaders of Quebec idealism was Shloimeh Wiseman. Decades earlier, with comrades in arms such as Leon Chazanovitch, Simon Belkin, L. Zuker, and Rabbi H. Cohen, he foresaw the Quebec revolution in education, instigated by Henri Bourassa. The crisis in the Protestant schools caused by the presence of Jewish children, led them to conduct a stubborn battle for Jewish schools, so that each community could have schools of its choice.

Shloimeh Wiseman was a Latinist and Greek scholar, a lover of Hebraism and Yiddish, whose classroom was in the Jewish People's Academy and whose public addresses were as melodic as symphonies. He recalled,

> I was fourteen when I came from the Ukraine to Canada in 1913. I had all my schooling at home with my father, who was a very well-known teacher. In Montreal, I went to McGill University and graduated in 1920 in humanities. That same year I married and soon became principal of the Jewish People's School.

> In the late twenties, many of us felt that we should have a separate Jewish school, just like there were separate Protestant and Catholic schools. But the "uptown" Jews, who had all the money and power, were against it. They maintained that our children should not be segregated in their own tribal culture.

> So we decided upon a day school maintained by the Jewish people. We began in 1929 with seven children, and now we have over four

Nous nous sommes donc rabattus sur l'école de jour juive. Nous avons commencé avec 7 enfants, et aujourd'hui nous avons plus de 4000 personnes dans notre système québécois. Ce système est le premier système d'écoles yiddish-hébraïques de l'histoire mondiale. Il a été adopté dans toutes les Amériques et il est à l'étude même en Israël. (Extrait du *The Shloimeh Wiseman Book*).

Mais la créativité n'est pas le lot exclusif des idéalistes juifs. La vision sociopolitique de la province de Québec, sur les plans religieux aussi bien que séculier, a toujours été ouverte à tous les types d'éducation et à l'initiative privée dans ce domaine. Tous les gouvernements successifs ont laissé prospérer, à une échelle sans précédent, les écoles privées juives. À ce jour, quelque vingt écoles progressistes juives bénéficient d'un statut officiel et sont subventionnées par l'État québécois.

thousand pupils in our Quebec school system, the first modern Yiddish-Hebrew schools in world history. It has been adopted throughout the Americas and has been carefully studied even in Israel.

But creativity was not the domain solely of Jewish idealists. The sociopolitical outlook of the province of Quebec on the religious and secular fronts has always been open to different types of education and to private initiatives in this area. Successive governments, no matter which party is in power, have allowed private Jewish schools to prosper to an almost unprecedented extent. Today, some twenty Jewish progressive schools have official status and receive Quebec government funding.

Sholem Shtern

L'École Morris-Winchevsky a été longtemps une institution marginale dans le grand réseau scolaire juif du Québec, à l'instar de l'École Abraham-Reisen du *Workmen's Circle*. Mais sa présence dans ce réseau a revêtu une signification particulière parce qu'elle assurait une présence de la gauche dans la communauté.

Avant 1950, le mouvement communiste mondial a mené le combat en vue de mettre plus que le pied dans la porte de la communauté québécoise, particulièrement dans le domaine si important de la culture, avec sa presse, sa littérature et ses activités politiques, théâtrales et éducatives.

Sholem Shtern, poète et critique littéraire, a été le porte-parole du mouvement quant à l'éducation et à la littérature yiddish. Il est le frère du grand écrivain yiddish canadien connu sous son nom de plume Jacob Zipper. Il a été pendant des décennies le directeur des Écoles I. L. Peretz.

The Morris Winchevsky School was long a marginal institution in the extensive Quebec Jewish educational network, as was the Workmen's Circle's Abraham Reisen School, but they were significant because they represented the cultural presence of the left in the community. Up to 1950, the world Communist movement was brilliantly led and had established more than a toehold in the Quebec community, particularly in the cultural arena, with its press, its literature, and its political, theatre, and educational activities.

Sholem Shtern, poet and literary critic, was the movement's spokeman regarding education and Yiddish literature. He was the son of a distinguished rabbi, the brother of the great Canadian Yiddish writer known as Jacob Zipper. For many decades the head of the I.L. Peretz Schoolsand of professor Israel Shtern, mathematician and experimental poet known as Ish Yayir.

L'École Morris-Winchevsky existait déjà quand je suis arrivé en 1926. J'y ai d'abord enseigné, puis j'en ai été le directeur. L'école a été organisée par des travailleurs non spécialisés, des tailleurs, des cordonniers. On nous appelait les «verts». L'enseignement se donnait en anglais et en yiddish.

Nous étions influencés par le communisme, mais nous n'étions pas communistes. Il y avait de l'hostilité, mais aussi quelque sympathie. Nous ramassions un peu d'argent en faisant du porte à porte. Les riches venaient aux pauvres quand il s'agissait de faire élire quelqu'un, et les pauvres allaient voir les riches quand ils avaient besoin d'argent.

L'école a finalement fermé ses portes, dans les années soixante, faute d'agent, bien sûr, mais aussi parce que nous avions des liens avec l'Union soviétique.

Sholem recalled:

The Morris Winchevsky School was already there when I came, in 1926. We taught in English and Yiddish. The school was set up by unskilled workers, tailors, shoemakers. They called us "green." But I always loved Canada. The established Jewish community was hostile, but there was some sympathy. We raised money mostly by going door to door. The rich came to the poor when they wanted to elect somebody to a government office, and the poor went to the rich when they needed money. The school finally closed in the sixties because we didn't have any money, and also because of our connections with the Soviet Union.

La jeunesse hassidique étudie sans cesse. *Chassidic children study constantly.*

Une salle de classe de l'école de Belzer Chassidim, rue
Jeanne-Mance

The classroom of the Belzer Chassidim school on
Jeanne-Mance Street

L'école hébraïque Solomon Shechter Hebrew, du nom
du père du mouvement conservateur dans le judaïsme
américain. L'école est progressiste et affiche un franc
succès sur le plan pédagogique.

The Solomon Shechter Hebrew Academy is named for
the founder of the Conservative movement in American
Judaism. The school is progressive and pedagogically
successful.

Classe d'hébreu au Collège Marie-de-France. Le professeur Meir Ifergan enseigne depuis plus de dix ans dans ce collège privé français à Montréal. Les enfants sont francophones et de religion juive ou chrétienne.

Meir Ifergan has been teaching Hebrew at Collège Marie-de-France, a private French school in Montreal, for over ten years. The pupils are Francophone, Jews and Christians.

L'APPORT DE LA DIASPORA UNIVERSELLE

L'immigration, porte ouverte sur l'avenir

Le Québec n'a cessé d'accueillir les nouveaux arrivants venus d'Europe d'abord, puis des autres continents. La société juive conserve la mémoire des vagues successives d'immigrants, depuis la première communauté «espagnole et portugaise», puis les Lituaniens et les Roumains, les survivants des deux guerres, de l'Holocauste et des camps de personnes déplacées, jusqu'à la «neuvième migration» née au Québec, aux immigrants francophones venus du monde islamique, et ceux qui ont fui le léninisme et le stalinisme, et les Éthiopiens...

Joseph Levy et Jean-Claude Lasry

En quittant le Maroc, se rappelle Joseph Levy, dans les années soixante, nous avions trois destinations possibles: Israël, la France et le Canada — et particulièrement le Québec qui présentait l'avantage du mythe américain... en français. Nous connaissions déjà le Québec par Félix Leclerc, Maria Chapdelaine, des chansons comme *À la claire fontaine*, *Ma cabane au Canada*, par l'histoire de France qu'on apprenait au lycée — Jacques Cartier, Champlain, Montcalm. Nous avions étudié la géographie du Canada, sa structure économique. Nous avons même été surpris, à notre arrivée au Québec, de voir qu'il fallait savoir l'anglais dans les milieux de travail.

Je suis arrivé en 1965, donc presqu'au début de la migration juive marocaine. Les centres juifs, comme le «Y», les synagogues, tout était anglophone et c'est par les francophones que nous avons connu le Québec. Nous avons reçu un accueil extraordinaire dans des centres comme le Carrefour international des étudiants, le Centre interculturel Monchanin, aujourd'hui l'Institut interculturel de

CONTRIBUTION OF THE UNIVERSAL DIASPORA

Immigration, the door to the future

Quebec has always had doors open to newcomers, from Europe for five centuries, and more recently from other continents, each bringing its own cultural contribution. The Jewish immigrants came in waves—the "Spanish and Portuguese" from London, the "German" Shaar Hashomayim congregation, Lithuanians, Romanians, survivors of Auschwitz, people from D.P. camps, Francophones from Islam, refugees fleeing Ethiopia, Lebanon, Egypt, Lenin and Stalin. Each has enriched Quebec.

Joseph Levy and Jean-Claude Lasry

The stories of Jewish immigrant families over a century have an infinite variety, yet all are perfectly authentic. Most significant among them are those of Joseph Levy, an anthropologist at the Université du Québec à Montréal, and Jean-Claude Lasry, a psychologist at the Université de Montréal.

When we left Morocco, recalled Joseph Levy, in the sixties, we had three possible destinations: Israel, France, or Canada—particularly Quebec, which presented the advantage of the American dream... in French. We already knew Quebec through Félix Leclerc, Maria Chapdelaine, through songs like *À la claire fontaine*, *Ma cabane au Canada*, through the history of France that we learned in school—Jacques Cartier, Champlain, Montcalm. We studied the geography and economy of Canada. We were quite surprised, when we arrived in Quebec, to find that English was the language of work.

I arrived in 1965, almost at the beginning of the Jewish Moroccan immigration wave.

Joseph Levy, professeur d'anthropologie à l'UQAM et Jean-Claude Lasry, professeur de psychologie à l'Université de Montréal

Joseph Levy, professor of anthropology at UQAM and Jean-Claude Lasry professor of psychology at the University of Montreal.

Montréal. Très tôt, j'ai eu le sentiment que le Québec était un pays où je pouvais faire ce que je voulais et m'exprimer librement. Et jusqu'à maintenant, je n'ai jamais expérimenté des formes quelconque d'antisémitisme ou de discrimination et pourtant je n'ai jamais caché mon identité ni mes convictions. Je me souviens d'avoir obtenu, à l'époque, une bourse d'études de la Société Saint-Jean-Baptiste. Ces années-là ont été vraiment des années de lumière pour moi.

Si je compare avec aujourd'hui, je dirais qu'il existe maintenant au Québec certaines tensions absentes à l'époque de mon arrivée. Je ne parle pas de mon expérience quotidienne. À l'UQAM où j'enseigne depuis près de 20 ans, je n'ai pas rencontré de problèmes du

Jewish centres like the Y and the synagogues were all English, and it was through French that we had learned about Quebec. We had an extraordinary welcome at places like the International Student Centre and the Monchanin Intercultural Centre (today called the Institut interculturel de Montréal). I very quickly got the feeling that Quebec was a place where I could do what I wanted and express myself as I liked. Up to now, I've never experienced any form of anti-Semitism or discrimination, although I've never hidden my identity or my convictions. I remember that I even received a study grant from the Société Saint-Jean-Baptiste at the time. Those years were truly years of light for me.

fait que j'étais Juif ou perçu comme immigrant. Les relations avec les immigrants sont un peu plus difficiles qu'elles ne l'étaient et la jeune génération semble moins intéressée qu'avant à découvrir ces nouveaux apports culturels.

Quoiqu'il en soit, je trouve que la communauté juive-marocaine au Québec est bien adaptée et parfaitement à l'aise. Sans doute y a-t-il glissement, dans certains cas, vers le milieu anglophone. Mais ces glissements sont davantage d'ordre linguistiques que culturel. Mes grands-parents parlaient l'arabe ou l'espagnol au Maroc, alors que mon père parle le français et l'espagnol, tandis que moi je parle ces deux langues plus l'anglais. L'identité juive ne passe pas par la langue. La communauté juive, comme les autres communautés immigrantes, subit l'attraction de l'anglais, mais elle est capable d'être bilingue, trilingue et davantage. Pour moi, être juif d'expression française ne signifie pas l'exclusion d'autres langues. J'ai peine à comprendre comment on peut être unilingue de nos jours, alors qu'on vit dans un monde international.

Ma famille a été la troisième famille juive à s'établir à Montréal dès janvier 1957, raconte Jean-Claude Lasry, . Mon père, mon frère et moi sommes arrivés en éclaireur, suivis bientôt de ma mère avec qui nous correspondions. Un certain nombre d'amis s'intéressaient à notre expérience, dont une famille très connue du Maroc, les Malka, qui nous ont rejoints peu après et qui se sont très bien débrouillés dans l'immobilier. C'est un peu comme ça que s'est fait l'immigration sépharade par grappes de familles et d'amis.

Il faut souligner ici un fait qui n'est pas suffisamment connu et qui a grandement facilité l'entrée ici des Juifs marocains: l'intervention, en 1955, de la communauté juive du Canada par son représentant auprès du ministère fédéral de l'Immigration, le Dr Joseph Kage, alors directeur de la JIAS (*Jewish Immigrant Aid Society*).

Pour revenir aux Lasry, nous étions tous dans la coiffure pour dames. C'est un métier

If I compare them with today, I would say that there are certain tensions in Quebec now that didn't exist before. I'm not speaking of my daily experience. At UQAM, where I've been teaching for twenty years, I have experienced no problem because I am Jewish or perceived as an immigrant. The relationship with immigrants is a little more tense than it used to be and in general, the young generation seems to be less interested than previous ones in discovering new cultural contributions.

At any rate, I find that the Moroccan Jewish community in Quebec is well adapted and perfectly comfortable. No doubt, there's been some tendency to slide toward the Anglophone milieu. But for Jews, this slide is linguistic, not cultural. My grandparents spoke Arabic in Morocco, and my father speaks French and Spanish, and I speak those two languages plus English.

Jewish identity does not depend on language. The Jewish community, like other immigrant communities, is attracted to English, but it is able to speak two languages, three, even more. For me, being a French-speaking Jew does not mean the exclusion of other languages. I have trouble understanding how anyone can be unilingual these days, in such an internationalized world.

My family was the third Jewish family to establish itself in Montreal, relates Jean-Claude Lasry, in January of 1957. My father, my brother, and I arrived first, followed quickly by my mother, to whom we had written. Some friends were curious about our experience, including a very well-known family in Morocco, the Malkas, who joined us soon afterward and have done very well in real estate. That's sort of how Sephardic immigration has taken place, through families and friends.

I must emphasize a fact that is not well known and that greatly facilitated immigration of Moroccan Jews: the intervention, in 1955, of the Canadian Jewish community with the federal immigration minister through its representative, Dr. Joseph Kage,

où les gens se racontent facilement. Un beau jour, une cliente, elle-même aux études doctorales en psychologie, me dit: «Vous devriez vous inscrire en psychologie à l'université.» J'avais 20 ans. Quatre ans après je sortais de l'Université de Montréal avec mon doctorat en psychologie. C'était en 1968.

Mon insertion dans le milieu francophone a été d'autant plus facile qu'à l'époque, le milieu juif ne parlait qu'anglais et qu'on nous percevait volontiers plutôt comme des Italiens que comme des Juifs. Vous pensez bien que nous n'avons pas mis beaucoup de temps à nous tourner du côté des jeunes filles francophones, et elles, naturellement, nous ont amenés dans leurs familles. L'hiver, nous allions dans les Laurentides avec nos amis québécois glisser en luge et tout. Encore aujourd'hui, dans les milieux de travail comme au plan des relations sociales, le degré d'acceptation mutuelle est très fort.

Chose étrange, notre insertion dans la communauté juive anglophone ne s'est pas faite toute seule. Nous y étions souvent perçus comme une menace, parce que le nationalisme québécois parle français et que le nationalisme rappelait aux Ashkénazes les horreurs de l'Europe. Il n'y avait rien pour nous, à Montréal, comme Juifs francophones. C'est ainsi que j'ai été amené à fonder, avec des copains, l'Association des étudiants juifs de l'Université de Montréal. À partir de là, je me suis engagé communautairement, en particulier dans l'Association sépharade francophone.

Quand j'étais président de l'école Maïmonide, j'ai constaté que les écoles juives orthodoxes n'avaient pas du tout cette nervosité à l'égard du français: pour eux l'important, c'est l'apprentissage des traditions juives et de l'hébreu. Qu'il faille également apprendre d'autres langues, rien de plus normal. Mais je dois ajouter qu'aujourd'hui, la perception négative dont nous étions l'objet est en train de changer, parce que les jeunes Juifs anglophones apprennent et parlent le français.

then director of the Jewish Immigrant Aid Society.

To get back to the Lasrys, we were all hairdressers. It's a trade where people meet easily. One day, a customer, who was studying psychology at the doctoral level, said to me, "You should take psychology courses at the university." I was twenty years old. Four years later, I left the Université de Montreal with a doctorate in psychology. This was in 1968.

It was easy for me to integrate into the French community at the time, as the Jewish community spoke exclusively English and was willing to see us as more like Italians than like Jews. As you can imagine, it didn't take long before we turned to young Francophone girls, who naturally took us home to their families. In the winter, we tobogganed in the Laurentians with our Québécois friends and so on. Even today, in the workplace and in social relations, the degree of mutual acceptance is very high.

A strange thing was that our integration into the Anglophone Jewish community didn't happen easily. We were often perceived as a threat, because Québécois nationalists spoke French and nationalism reminded the Ashkenazis of the horrors of Europe. There was nothing for us in Montreal, as Francophone Jews, so some friends and I decided to found the Association des étudiants juifs at the Université de Montreal. I then became involved in the community, in particular through the Association sépharade francophone.

When I was principal of the Maimonides School, I noted that orthodox Jewish schools didn't have any of the same fear with regard to French. For them, the important thing is learning the Jewish traditions and Hebrew. If they had to learn other languages as well, that was fine. But I must add that today, the negative perception of us is changing, because young Anglophone Jews are learning and speaking French.

Il y a 28 ans, le Dr Morad Kimia arrivait au Québec de la ville de Sanandaj, dans l'Iran kurde. Il laissait derrière lui une grande famille qu'il voulait contribuer à faire sortir d'Iran. Il lui a fallu de longues années pour mettre son projet à exécution. On voit ici, au haut de la pyramide le docteur Kimia et son épouse Phyllis, originaire du Nouveau-Brunswick, ses filles Dyan et Rena, nées au Québec, ses nièces, Tania et Suzanne, ainsi que son neveu Behjoo, tous trois nés en Iran. Les filles ont toutes étudié la médecine à l'Université McGill et Behjoo obtenait en 1991 un doctorat en informatique (intelligence artificielle), également à McGill. Quant aux autres Kimia — grands-parents, oncles, frères et sœurs — ils vivent aujourd'hui au Canada, en Israël et aux États-Unis.

Nearly thirty years ago, when he was twenty-eight, Morad Kimia arrived in Quebec from Sanandaj, Iran. He interned at Hôpital Saint-Luc and then specialized in anaesthesiology at Hôpital Hôtel-Dieu. He married Phyllis Green, from Saint John, N.B., who is now on the staff of the Canadian Jewish Congress. One of their daughters is a pediatric resident at the Montreal Children's Hospital, another is an occupational therapist. He has brought a nephew to Canada, to study engineering, specializing in artificial intelligence, and two nieces both of whom are pursuing medical studies at McGill University. The matriarch of the Kimias lives in Israel, close to her other son, a pediatrian in Beer Sheba Hopital.

Ghila Benesty Sroka

Elle vit à Montréal depuis 1981 et déjà le Québec lui doit, entre autres, trois périodiques culturels d'un incontestable dynamisme: *Tribune Juive* (1982), sur l'actualité culturelle, *La Parole Métèque* (1987), pour le renouveau féministe et *L'Incontournable* (1989), axé surtout sur la radio-télévision et la presse électronique. Tous se souviennent de la tribune que Ghila animait, ces dernières années, à Vidéotron, *Le plaisir de lire*, qui a grandement contribué à faire connaître les auteurs d'ici.

C'est dire qu'elle est plongée à longueur de jour dans le vif de l'actualité, celle qui compte pour l'avenir, la pensée en marche. À la question: «Quelles sont vos racines québécoises?» elle répond: «Mes racines, c'est ma mémoire. Je les plante partout où je passe. C'est surtout

Ghila Sroka has been living in Montreal since 1981, and already she has produced three cultural magazines: *Tribune Juive* (1982), on current culture, *La Parole Métèque* (1987), on the new feminism, and *L'Incontournable* (1989), dealing with radio, television, and electronic news. For years, she hosted a popular television show called *Le plaisir de lire*, which has contributed greatly to making local authors known.

Ghila is completely immersed in the contemporary world and looks toward the future of thought. To the question "What are your roots in Quebec?," she responds, "My roots are my memory. I put them down wherever I go. They come especially from my active participation in Quebec society."

ma participation active dans la société québécoise.»

La trajectoire de Ghila Benesty Sroka est pour le moins étonnante. Née à Casablanca, elle a vécu sa jeunesse dans un kibboutz israélien. En 1973, on la retrouve en Belgique, où elle étudie la philosophie et la linguistique à la très catholique université de Louvain. Cet itinéraire explique qu'elle parle quatre langues, l'arabe et l'espagnol, qu'elle tient de ses parents, l'hébreu et le français qu'elle maîtrise parfaitement.

Elle explique que si elle est au Québec, c'est à la fois par hasard et par choix. Il y a dix ans, elle fut invitée à enseigner la philosophie à l'Université de Dalhousie, à Halifax, puis la philosophie politique à l'Université Laval. Attirée par la richesse pluriculturelle de Montréal, elle renonce à une carrière universitaire, qui s'ouvre pour elle à Vancouver, pour plonger corps et biens dans la société québécoise, là où poussent ce qu'elle appelle ses plus belles racines, ses périodiques, lieu privilégié de sa collaboration quotidienne avec ses collègues québécois.

«Le Québec m'a séduite, écrit-elle dans le prologue de son dernier livre *Identités nationales* (Montréal, Éditions de la pleine lune, 1990). Je ne peux m'empêcher de penser à quel point les trajectoires d'Israël et du Québec sont semblables. La défense d'une langue menacée, une position politique difficile, une volonté farouche de réussir, autant de points de rencontre entre ces deux régions, autrement si différentes. En choisissant de vivre ici, j'ai choisi de donner une voix supplémentaire à la cause du Québec.»

Ghila Benesty Sroka's life has been, to say the least, surprising. Born in Casablanca, she spent her youth on an Israeli kibbutz. In 1973 she went to Belgium, where she studied philosophy and linguistics at the very Catholic University of Louvain. This is how she came to speak four languages: Arabic and Spanish, the languages of her parents, and Hebrew and French, which she has mastered.

She explains that she is in Quebec through both chance and choice. Ten years ago, she was invited to teach philosophy at Dalhousie University, in Halifax, then political philosophy at Université Laval. Drawn by the multicultural wealth of Montreal, she gave up her academic career, which was about to take her to Vancouver, to plunge herself into Quebec society, where she has put down her deepest roots, written her best work, and had the special experience of daily collaboration with her Québécois colleagues.

"Quebec seduced me," she wrote in the prologue to her latest book, *Identités nationales* (Montreal: Éditions de la pleine lune, 1990). "I can't help but think that the paths of Israel and Quebec are similar. The defence of a threatened language, a difficult political position, a ferocious will to succeed—so many points of convergence between these two regions, which are different in so many other ways. By choosing to live here, I chose to lend another voice to the cause of Quebec."

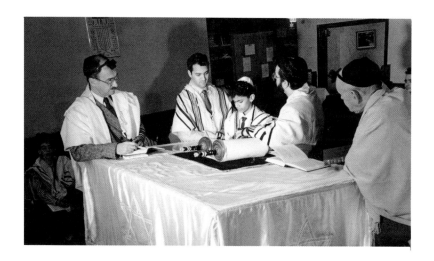

Un garçon marocain entre dans la vie adulte par la porte du rite ancestral Bar Mitzva. La scène se passe à la Synagogue espagnole et portugaise, en présence du rabbin Howard Joseph qui guide sa lecture du texte sacré.

A thirteen-year-old native of Morocco has his Bar Mitzvah at the Spanish and Portuguese Synagogue, under the tutelage of Rabbi Howard Joseph, before the Ancient Scrolls of the Divine Law.

Boris Vorshov est venu d'URSS au Canada il y a une décennie. Il a été initié, dans sa région natale, à l'art ancien du cuivre martelé. À son arrivée à Montréal, il a dû renoncer à son art pour faire vivre sa famille, mais sept ans plus tard, il recommençait à peindre et à enseigner. Une exposition à la Galerie Michel-Ange a fait connaître son œuvre au public montréalais.

Boris Vorshov has been in Canada for about a decade. He had studied the ancient art of flat-copper sculpture in the Soviet Union's Academy of Art, where teams of artists produced monumental sculptural works to commemorate the accomplishments of communist USSR. In Montreal he gave up art to support his family, but seven years later began to paint again. An exhibition at the Galerie Michel-Ange introduced his work to a wider audience.

Le peintre marocain Solomon Benaroch n'aime pas les photographes. Orthodoxe de la plus stricte observance, il estime qu'il est mal d'être photographié. Il tourne donc le dos au photographe qui doit utiliser un miroir.

The Moroccan painter Solomon Benaroch, in the strict orthodox tradition, considers it wrong to be photographed, so he has turned his back to the camera. The painting is a portrait of his mother.

Maritu est arrivée d'Éthiopie au Québec, il y a six ans. Sa fille Sarah est la première Éthiopienne née au Canada.

Maritu came to Quebec from Ethiopia six years ago. Her daughter, Sarah, was the first Ethiopian to be born in Canada.

Yolande Cohen pose ici avec sa fille et ses parents. Elle enseigne l'histoire à l'UQAM. Sa mère Marie Berdugo-Cohen a écrit sur la communauté juive marocaine, sa petite histoire, son folklore et son rameau québécois.

Yolande Cohen, professor of history at the Université du Quebec à Montreal, is proud of her young daughter. Her mother, Marie Berdugo-Cohen, authored a work on Moroccan Jewish folklore and sociology.

Le souper du Jour de l'An juif (Roch Hachana) chez les Kattan, apparentés à Naïm Kattan. L'équivalent européen de leur nom est Klein (Petit), patronyme du poète juif canadien, Abraham M. Klein.

The Kattan family at their Rosh Hashanah dinner table. They are kin to Naïm Kattan. The Jewish European equivalent of their name is Klein, the name of Canada's first Jewish poet, Abraham M. Klein.

Les liens avec Israël

Au pays de la Bible

Une des plus grandes aventures humaines que le monde ait connue depuis 2000 ans a commencé au milieu du XXe siècle avec la fondation de l'État d'Israël. À l'issue de la guerre la plus sanglante de l'histoire — après les horribles pogroms, l'hécatombe des combats, l'Holocauste, les torpillages de navires et la fusion de l'atome — les survivants de la nation qui a le plus souffert dans la tourmente, les Juifs, ont relevé un défi impossible: la restauration de leur pays d'origine après deux mille ans d'exil.

L'Étoile de David israélienne, à six pointes, occupe une place d'honneur au théâtre des Nations unies, grâce au parrainage des Canadiens et de leur gouvernement.

Des centaines de milliers de Juifs européens, et parmi eux les survivants des camps de la mort, ont trouvé dans ce coin de terre une patrie dont le drapeau flotte sur ce sol jonché de souvenirs millénaires. Le rêve de quelques visionnaires qui avaient fondé le sionisme, au XIXe siècle, est devenu réalité.

Ces visionnaires comptaient dans leurs rangs des Juifs québécois, de même que quelques amis chrétiens sympathiques à leur cause. Mentionnons H. W. Monk, le juge Ivan Rand, l'homme politique Lester B. Pearson, Alexander Harkavi, Lazarus Cohen, l'industriel Clarence I. de Sola, l'homme d'affaires A. J. Freiman et son épouse, Lillian, le pédagogue Yehudah Kaufmann, le visionnaire Reuben Brainin, le poète A. M. Klein, le rabbin antiquaire J. L. Zlotnick, le chef syndicaliste L. Zuker, le fondateur du Congrès juif H. M. Caiserman, et, plus près de nous, Saul Hayes et Samuel Bronfman.

Linking with the holy land

The Land of the Bible

The saga of the patriarch Abraham in the Jewish, Christian, and Moslem faiths, extending from Hebron to the Hebrew University in Jerusalem, saw its modern phase set in motion in the mid-twentieth century, following the greatest bloodletting in human history—after the horrible pogroms, the ravages of trench fighting, the Holocaust, the torpedoes and the atom bomb. The survivors who had suffered most—the Jews—took up an impossible challenge: the restoration of their homeland after millennia of exile.

The six-pointed Israeli Star of David was planted in a place of honour in the theatre of the United Nations, thanks to the Canadian government. Hundreds of thousands of European, Asiatic, and African Jews, homeless survivors of death camps, have found a home in the tiny land, living under their own flag in the ancient territories, because half a century earlier Zionist idealists gathered to make their dream come true.

These dreamers included Quebec Jews and sympathetic Christians, including H.W. Monk, Justice Ivan Rand, Lester B. Pearson, Alexander Harkavi, Lazarus Cohen, industrialist Clarence I. de Sola, businessman A.J. and Lillian Freiman, educator Yehudah Kaufman, visionary Reuben Brainin, poet A.M. Klein, antiquarian rabbi J.L. Zlotnick, labour leader L. Zuker, Canadian Jewish Congress founder H.M. Caiserman, and, among the younger generation Saul Hayes and Samuel Bronfman.

Israel and French Canada

The Judeo-Christian Dialogue in Montrea was founded by Archbishop Paul Grégoire (now a cardinal), Father Stéphane Valiquette, and Rabbi A. Langner. "Thanks to dialogue,

Israël et le Québec

L'intellectuel québécois Jean Lemoyne, séna-
teur, journaliste, auteur et lauréat de la
médaille du Gouverneur général, avait publié
en 1961 sa réaction à la déclaration d'indépendance de l'État d'Israël. En voici quelques
extraits.

> [...] Nation fière et humiliée, orgueilleuse et
> dispersée, reconstituée, conquise, rebelle,
> réduite au rang de province du plus étranger
> des empires, éparpillée comme cendres au

Christians recognize that the link between the
Jewish people and the land of Israel, its
historic birthplace, represents an essential
aspect of its covenant with God. In this sense,
the existence of the state of Israel has an
inevitable religious dimension." *(L'Église Canadienne)*

Senator Jean Lemoyne, journalist, author,
and winner of the Governor General's Award,
reacted to the Israeli declaration of independence in his essay "Le Retour d'Israel" (In *Convergences*, HMH, 1961).

*Chaim Herzog, président de l'État d'Israël s'adresse à
la communauté juive du Québec à la synagogue Shaar
Hashomayim.*

*Chaim Herzog, President of the state of Israel
addresses the Jewish community of Quebec at the
Shaar Hashomayim.*

vent [...], défiant le temps et toutes les pressions humaines et attendant presque deux millénaires le moment de refaire la conquête de la patrie des promesses, tels nous apparaissent les Israélites.

[...] Les Juifs s'aperçurent bientôt qu'ils n'étaient guère plus en sécurité qu'auparavant et que la nouvelle justice à triple incarnation de liberté, d'égalité et de fraternité restait l'apanage exclusif des nouveaux pharisiens de la chrétienté ravagée. L'antisémitisme [...] rencontra dans les milieux les plus évolués des complicités dégradantes.

Leur lassitude et leur déception agirent comme un catalyseur sur l'antique nostalgie de la Palestine qu'entretint en eux au cours

It exudes humanity. The highest examples of fidelity in humankind, from Moses to Mary, then from Israel, and yet it has also carried the sin of Adam to its extreme consequence. It prophesies in everything. The totality of the divine fact in terms of revelation is enclosed, conserved, carried and developed by this nation. Israel is like an actor gorged with divinity, overwhelmed by it until he no longer knows what he is doing.

The Jews soon realized that they were scarcely safer than before and that the new justice, under the triple incarnation of liberty, equality and fraternity, was the exclusive right of the new Pharisees in a ravaged Christianity. Anti-Semitism grew apace.

Le Grand rabbin sépharade de Jérusalem signe le Livre d'or de la ville de Montréal sous le regard attentif du maire Jean Doré.

The Chief Rabbi of Jerusalem, visiting Montreal City Hall, is greeted by Mayor Jean Doré.

des siècles la perpétuelle habitation du Livre des promesses. [...]

Les titres d'Israël portent la signature de Dieu. Et qu'ajoute l'histoire? Les Juifs existent toujours, les Juifs sont revenus, ont «acheté des champs» et se sont établis en Palestine, de nos jours. [...] Ils comptent parmi les principaux témoins et victimes de la pire honte que se soit infligée l'humanité. Ils appartiennent à un reste de Juifs européens au nombre de un million et demi sur une population d'avant-guerre de six millions et demi. Nous qui n'avons pas oublié nos grands dérangements, que dirions-nous de celui-là?

Voilà une des explications de ces immigrants frénétiques, surgis dans les ports méditerranéens et qui s'entassent à bord de vieux rafiots pour braver un blocus impitoyable, risquer un nouvel internement, s'exposer aux brutalités d'une milice exaspérée, pour s'établir dans une région de plus en plus hostile, passer de la persécution à la guerre et affronter une formidable coalition. Voilà une excuse à l'inconvenante énergie avec laquelle les Juifs défendent un territoire acquis au prix fort. (Jean Le Moyne, «Le retour d'Israël» dans *Convergences*, Montréal, HMH, 1961, pp. 164-184)

Their weariness and disappointment acted like a catalyst on their immemorial nostalgia for Palestine, which had been nourished for centuries by their perpetual reading of the Book of Promises.

The roots of Zionism strike too deep into Jewish conscience and history not to evoke an irresistible solidarity. Its aspirations are so authentic; it answers such real needs. Could the mass of Jews afford to remain indifferent to the unique hope of so many imperilled communities?

Israel's title deeds are signed by God. And what has history added? The Jews still exist, they have come back, they have "bought their fields" and have established themselves in Palestine in modern times. Victims of the greatest shame that humanity ever inflicted upon itself, they belong to a remnant of European Jews, about one and a half million out of a prewar population of six and a half million.

All this is behind those frantic migrations swarming out of Mediterranean ports to crowd the decks of unseaworthy old hulks and run a merciless blockade, only to face on the other side risk of further internment and the brutalities of an overtaxed militia. All this explains the unseemly energy with which the Jews have defended this land. (Jean Le Moyne, «Le retour d'Israël» in *Convergences*, Montréal, HMH, 1961, pp. 164-184)

LE QUÉBEC DANS LE CONTEXTE D'AUJOURD'HUI

Si l'on compare la démocratie pluriethnique, au Québec, avec celle des autres provinces canadiennes, ou encore avec les États-Unis, Israël, la France et l'Angleterre, on peut dire qu'elle fonctionne relativement bien. Malgré les frustrations politiques et économiques d'une certaine élite d'avant-guerre, elle a connu moins de racisme que les autres provinces.

La population très colorée du Québec a appris à formuler ses problèmes du passé comme du présent à la lumière de sa diversité culturelle, des traditions et des personnalités qui lui sont chères, de ses amours, de son loyalisme, de sa géographie et en fonction de son économie et de ses relations futures. Comme les autres sociétés, ses adultes actuels et ceux de demain ont besoin de regarder ensemble vers l'avenir. Un coup d'œil sur la mappemonde suffit pour réaliser combien hasardeux et pénible est cet exercice pour les Américains, les Arabes, les Chinois, les Européens.

Les perspectives d'avenir pour le Canada et le Québec sont moins sombres, parce que nos deux siècles d'existence commune sont davantage libres d'inimitiés, de dynamite, de haine. Après tout, notre passé est rempli de richesse partagées: l'amour judéo-chrétien, la démocratie européenne, nos chartes des droits et libertés d'inspiration française, britannique et américaine, des décennies de consultations populaires, de bon voisinage, de dialogue, de défilés dans les rues, d'échanges, d'écoles ouvertes à tous nos enfants, d'œcuménisme, de traditions politiques et de convivialité dans la paix, et même de rudesse mutuelle.

Le monde entier regarde nos problèmes communs et il nous envie. Nous nous regardons aussi et nous sommes d'accord. Nous nous trouvons chanceux quand nous pensons au bonheur que nous avons d'être ce que nous sommes, des Québécois, des Canadiens.

QUEBEC IN CONTEXT

If we compare multiethnic Quebec it with other Canadian provinces, the U.S., Israel, France, and England, it is doing quite well. In spite of a politically and economically dissatisfied prewar élite, it has known less racism than other provinces.

Quebec's varied population has learned to formulate issues, both past and present, in the light of its cultural diversity, cherished traditions and personalities, loves, loyalism, geography, economics, and future relationships. Like other societies, its citizens must look together to the future. The world is ever more hazardous for the peoples of the Americas, the Middle-East, China, and Europe.

The perspectives for Canada and for Quebec are less sombre, for our two centuries of coexistence are less laden with enmity, war, and hatred. After all, our past is full of shared riches: Judeo-Christian love, European democracy, of our French, British, and American charters of freedoms and human rights, decades of elections, being good neighbours dialogue, parades, and parading, open schools, ecumenism, and political traditions, and friendship, and even the occasional violence.

The whole world looks at our common problems and envies us. We look at ourselves, and we agree. We are fortunate to be who we are: Quebecers and Canadians.

Ina Fichman et Michelle Allen. Elles se sont rencontrées lors du tournage du film Moïse *qui traitait des relations entre un Juif hassidique et une québécoise. Ina Fichman a grandi à Côte-Saint-Luc et Michelle Allen a passé son enfance à Ahuntsic. Deux enfants de la classe moyenne, deux vie parallèles.*

❧

Ina Fichman and Michelle Allen. They met while working on the film Moïse *a film about a relationship between a Hasidic Jew and a Quebecoise. Ina grew in Cote St. Luc in the west of Montreal; Michelle in the east, Ahuntsic. Two middle-class suburbs, two parallel lives.*

Steven et Susan Cummings. Pendant que les médias concentrent leur attention sur le nombre de Juifs anglophones qui quittent le Québec, plusieurs d'entre eux décident de s'établir ou de revenir vivre ici. Ainsi, la sœur de Steven est revenue de Toronto avec sa famille pour s'établir de nouveau à Montréal. Quant à Steven et Susan, leurs enfants seront bilingues et ils pourront contribuer eux aussi à l'avenir du Québec.

❧

Steven and Susan Cummings. While the media concentrates on the number of Jews and anglophones leaving Quebec, many are also setting up or strenthening their roots here. Now even Steven's sister is coming back from Toronto with her family to live in Montreal. Steven and Susan's children will grow up perfectly bilingual, well-equipped to contribute to the future of Quebec.

TABLE DES MATIÈRES

CONTENTS

COMPOSÉ EN COCHIN CORPS 12
ET RÉALISÉ PAR JOSÉE LALANCETTE
CET OUVRAGE A ÉTÉ IMPRIMÉ
SUR PAPIER 140M EN OCTOBRE 1992
SUR LES PRESSES DE L'IMPRIMERIE
INTERGLOBE À BEAUCEVILLE, QUÉBEC
POUR LE COMPTE DE DENIS VAUGEOIS
ÉDITEUR À L'ENSEIGNE DU SEPTENTRION